Willi   Fährmann   /   Michael   Schlagheck   /
Vera Steinkamp (Hg.)

Spurensuche 15

Religion in der

Kinder- und Jugendliteratur

Katholische Akademie
DIE WOLFSBURG / Mülheim an der Ruhr

Bibliografische Information Der Deutschen Bibliothek
Die Deutsche Bibliothek verzeichnet diese Publikation in der
Deutschen Nationalbibliografie; detaillierte bibliografische Da-
ten sind im Internet über http://dnb.ddb.de abrufbar.

Spurensuche: Religion in der Kinder- und Jugendliteratur
15 / Willi Fährmann ... (Hg) – 2004
ISBN 3-932195-13-2
NE: Fährmann, Willi (Hrsg.)

ISBN 3-932195-13-2
© bei den Autorinnen und Autoren
Hg. Willi Fährmann, Michael Schlagheck,
Vera Steinkamp
Titelzeichnung Eule: Willi Fährmann, Xanten

Inhaltsverzeichnis

Vorwort

„Ich habe einmal einen Brief bekommen, der mir klargemacht hat, was ich nicht war, nicht getan, nicht durchgemacht habe. Ich bin nicht von einem betrunkenen Vater geschlagen und angebrüllt worden, ich habe nicht helfen müssen, den fetten schlaffen Leib einer Trinkerin ins Bett zu schaffen. Gehungert habe ich nur, wenn alle Leute gehungert haben, und bin nur in Lebensgefahr gewesen, wenn alle Leute in Lebensgefahr waren. Ich bin nicht zum Stehlen ausgeschickt worden, und niemand hat mich gezwungen, auf andere Menschen zu schießen. Es war aber nichts von dem allen, was die Briefschreiberin mir angekreidet hat. Sie sind, stand in dem Brief, nie wirklich gedemütigt worden. Und ich überlegte mir das und antwortete, ja. Obwohl ich im Grunde froh darüber bin, dass nie ein Vorgesetzter mich, wie das heute heißt, zur Sau gemacht hat, kein Liebhaber mich wie ein Stück Mist behandelt hat, bedaure ich doch den Mangel an Erfahrung, der mir in dem Brief vorgeworfen wird. Ich denke aber nicht, was alles ich hätte schreiben können, wenn ich proletarisch oder als Negerkind oder als Judenkind aufgewachsen wäre, sondern was hätte aus mir werden können, mit einem Zentnergewicht auf den Schultern von Anfang an. Was wäre aus mir geworden, welche Eigenschaften hätte ich entwickelt, welche wären nicht zum Ausdruck gekommen. O die vielen Leben, die man hätte leben können, diese vielen schrecklichen Leben." (Marie-Luise Kaschnitz: Orte. 1973)

Soweit einige literarische Anmerkungen und Fragen von Marie Luise Kaschnitz zur Frage „Was ist der Mensch?" Auch im Rahmen der diesjährigen Kinder-

und Jugendbuchtagung „Spurensuche" stand diese Frage im Mittelpunkt von Vorträgen, Gesprächen und Diskussionen.

Bereits zum 16. Mal luden die Katholische Akademie Die Wolfsburg / Mülheim an der Ruhr und die Fachstelle für Kirchliche Büchereien und Medien im Bistum Essen zu dieser Fachtagung ein. Mit Referentinnen und Referenten sowie Teilnehmerinnen und Teilnehmern aus Schulen, Kindergärten, Katholischen öffentlichen Büchereien, Bibliotheken, Buchhandlungen und Verlagen sollte den Fragen nachgegangen werden, die sich auch Marie-Luise Kaschnitz im o.a. Text gestellt hat. Ausgangspunkt der Diskussionen waren somit u.a. Überlegungen, inwieweit das eigene Menschenbild für den Umgang mit sich selbst und mit anderen prägend ist und welche Auswirkung dieses möglicherweise auf die persönliche Lebensgestaltung haben kann.

Des Weiteren sollten im Rahmen der Tagung aber auch Erkenntnisse darüber gewonnen werden, wie literarisches Reden über den Menschen im Kinder- und Jugendbuch geschieht und gestaltet wird. Ein gewiss anspruchsvolles Unternehmen, will man einer Aussage des Theologen Karl Josef Kuschel folgen, der in diesem Kontext für die erzählende Literatur der Erwachsenen einmal formuliert hat:

„Die Rede von Gott und die Rede vom Menschen in der Literatur unserer Zeit dingfest zu machen: das ist, als wollte man das Meer in Flaschen füllen oder den Wind in Kisten verpacken. (...) Bestenfalls „Umrisse" können (...) skizziert werden, tastende Wege durch ein Labyrinth, (...)"

Wenn diese Aussage auch nur in Ansätzen für die Kinder- und Jugendliteratur Gültigkeit haben sollte, dann wird deutlich, welches Spannungsfeld mit der diesjährigen Tagungsthematik verknüpft war.

Aber auch losgelöst von einer literarischen Betrachtungsweise, scheint angesichts unübersehbarer Entwicklungen in unserer Gesellschaft, die Frage nach dem Menschenbild eine ungeheure Brisanz und Aktualität auszuzeichnen. Facetten dieser Frage zeigen sich nahezu täglich. So lassen beispielsweise Berichterstattungen in Presse, Funk und Fernsehen heute schnell erkennen, wie brüchig der Konsens über das Menschenbild ist, nach dem die nachwachsende Generation erzogen werden soll – angefangen bei der zunehmenden körperlichen und mindestens genauso dramatisch anwachsenden psychischen Gewalt sowie den subtilen Kränkungen und Verletzungen, die in Familie, Schule und Freundeskreis erfahren werden bis hin zu den unglaublichen Vorschlägen zur Relativierung der Menschenwürde am Lebensanfang und am Lebensende.

Doch kann angesichts dieser Realitäten die Literatur in der Erziehung und Sozialisation von Kindern und Jugendlichen überhaupt eine Rolle spielen? Die diesjährige Spurensuche hat gezeigt, dass Kinder- und Jugendbücher, ohne sie instrumentalisieren zu wollen, durchaus eine Möglichkeit darstellen, um auf eindrückliche Weise die Frage nach dem Menschenbild und dem Menschsein an Kinder- und Jugendliche heranzutragen. Denn eine Stärke der Kinder- und Jugendliteratur besteht darin, dass in ihr nicht theoretisch von „*dem Menschen*" geredet wird. Vielmehr ist ihr Spezifikum, dass ihre Welt von *konkreten*

Menschen, Figuren, Personen bevölkert ist. Sie haben Namen, Geschlecht, Alter und Beruf. Sie haben Hoffnungen und Sehnsüchte, Ängste und Nöte. Sie erleben, was es heißt, in Freundschaft oder auch Feindschaft zu leben, wie Menschen in Lebenssituationen scheitern, Schuld auf sich laden. Sie erfahren aber auch, was Versöhnung heißt, wie Beziehungen gelingen können und was das Handeln des Menschen eigentlich ausmacht und ihm Sinn gibt. So können Kinder an den handelnden Personen erkennen, wer sie sind oder sein könnten.

In der vorliegenden Publikation sollen nun die Befunde der sechzehnten Spurensuche dokumentiert und dadurch einem größeren Kreis von Interessierten zugänglich gemacht werden. Ein besonderer Dank gilt allen Referentinnen und Referenten, die zur Erstellung der Dokumentation ihre Manuskripte zur Verfügung gestellt haben.

Willi Fährmann
Michael Schlagheck
Vera Steinkamp

Michael Schlagheck

„Es weiß seit langer Zeit / Niemand mehr, was ein Mensch ist." (Bert Brecht)

Konturen eines christlichen Menschenbildes

Über die Freiheit unserer Entscheidungen oder: Die herausfordernden Thesen der Neurobiologie

„Gott wohnt nicht im Himmel und die Liebe nicht im Herzen. Beide sitzen im Kopf, auch wenn Schlagertexter und Theologen stets das Gegenteil behauptet haben."[1] Eine ungewöhnliche Aussage, die sich zu Beginn eines Artikels über neue Verfahren der Hirnforschung findet. Von den Vertretern dieser Disziplin aber wird diese These immer häufiger vertreten. Als Beweise werden Bilder angeführt. Erzeugt mit Hilfe von Tomographen, gehören sie nach ihrer Entwicklung vor kaum mehr als zehn Jahren heute zu den Standartwerkzeugen von Hirnforschern. Für die Erforschung und Behandlung von Erkrankungen spielen diese Verfahren in der Medizin eine bedeutsame Rolle.[2] Diese Bilder wollen Gefühl oder Verhalten an bestimmten Orten des Gehirns lokalisieren.

---

[1]   Grau, Alexander: Gott, die Liebe und die Mohrrübe, in: Frankfurter Allgemeine Sonntagszeitung, Wissenschaft, 12. Oktober 2003, Nr. 41, 71

[2]   Spitzer, Manfred: Die funktionelle Bildgebung des Gehirns, in: Das Magazin, Wissenschaftszentrum Nordrhein-Westfalen, (Hg.), 14 (2003), 9ff

Folgt man manchen Neurowissenschaftlern, hat nicht Gott das Gehirn geschaffen, sondern das Gehirn Gott.[3] Der Autor des eingangs erwähnten Artikels führt nun einen logischen Einwand an: „Wenn man mit dem Gehirn denkt (darunter ist auch das Vorstellen oder Denken an etwas zu verstehen), dann ist klar, daß religiöse Gefühle, spirituelle Versenkungen und romantische oder schmerzliche Empfindungen irgendwo im Kopf stattfinden. Das bedeutet, daß man die damit zusammenhängenden neuronalen Prozesse mittels gängiger Bildgebungsverfahren messen kann. Über Gott, die Liebe oder die Enttäuschung sagt das natürlich gar nichts"[4]. Betrachte ich z.b. das Foto eines geliebten Menschen, sagt das neuronale Erregungsmuster nichts über meine Liebe zu ihm aus.

Inzwischen nimmt die Geschwindigkeit der Diskussion zu. Seit November des vergangenen Jahres führen Wissenschaftler in der Frankfurter Allgemeinen Zeitung eine erregte Debatte darüber, ob der Mensch bei seinem Entscheiden und Handeln wirklich frei sei und ob er daher überhaupt Verantwortung für seine Entscheidungen und sein Handeln trage. Sei es nicht vielmehr so, dass Menschen Handlungen zwar als von ihnen willentlich selbst verursacht ansehen, die doch in Wirklichkeit das Resultat von Prozessen im Gehirn seien, welche vor Beginn der Handlungen ablaufen.[5] Immer wieder betont z.B. der Neurowis-

---

[3]   Christ in der Gegenwart, 42 (2003), 357

[4]   s. Anm. 1

[5]   Roth, Gerhard: Wir sind determiniert. Die Hirnforschung befreit von Illusionen, in: Frankfurter Allgemeine Zeitung, 1.12.2003, 31

senschaftler Professor Wolf Singer, das Gehirn entscheide, es setze die Prioritäten.
Unser freier Wille wird in Frage gestellt, eine zentrale Frage für unser Bild vom Menschen. Verstehen
wir uns nicht als Menschen, die entscheiden können,
die ihre Handlungen planen und umsetzen und dabei
immer auch anders entscheiden und handeln können
und dafür Verantwortung übernehmen? Wir empfinden etwas, nehmen Gegenstände und Abläufe wahr,
erinnern uns an Vergangenes, können unsere Stim-
mungen beherrschen. Wir begreifen uns als freie
Menschen und unser Ich kontrolliert nach allgemei-
nem Verständnis all dies.

Für die Hirnforschung ist ein solches Menschenbild
unbefriedigend. So vertritt Wolf Singer die Hypothe-
se, „daß wir in unseren Entscheidungen und Wertun-
gen nicht frei sind, sondern daß die Lösungsvor-
schläge, die unser Gehirn erarbeitet, von all den Ein-
flüssen determiniert sind, welche unser Gehirn ge-
formt haben", die Evolution, frühkindliche Prägungen und lebenslange Lernprozesse. „Das Zusammen-
spiel all dieser Variablen legt fest, auf welchen Wegen das Gehirn sich Lösungen und Entscheidungen
nähert."[6]

Dies ist eine sehr weitgehende Annahme. Wie kann
man hier noch von menschlicher Verantwortung in
einer aktuellen Situation sprechen und müsste man
nicht so formulieren, wie der Theologe Eberhard
Schockenhoff in einem kritischen Beitrag zu solchen
Vorstellungen? Die Frage nach dem *Wer* mit der

---

[6]   Singer, Wolf: *Conditio humana* aus neurobiologischer Perspektive, in: Elsner, Norbert u. Schreiber Hans-Ludwig.
(Hg.) Was ist der Mensch? Göttingen 2003, 2. Aufl., 162

Antwort: Ich gehe oder ich treffe Vorbereitungen zu einem Mord wird abgelöst durch das *Was*: Es gibt ein Gehen in mir oder in mir entsteht die Bereitschaft zum Mord.[7] Und muss man nicht noch weiter fragen: Wie kann man bei einer solchen Sicht vom Menschen noch die Umkehrprozesse z.b. eines Franz von Assisi erklären, obwohl durch frühkindliche Prägungen und Lernprozesse doch eigentlich nicht naheliegend?

Die Neurobiologie legt uns herausfordernde Fragen vor. Ist unser Bewusstsein tatsächlich nur das Ergebnis der Evolution und anderer Prägungen? Ist all unser Denken und Fühlen naturwissenschaftlich zu erfassen? Ein solches Menschenbild käme ohne Transzendenz aus. Der Mensch fiele auf sich selbst zurück und fragte nicht sinnvoll über sich selbst hinaus. Für ethisches Fragen wäre dies folgenreich. Wolf Singer nimmt an, dass uns Menschen dabei die Würde nicht abhanden kommen wird.[8] Zweifel sind wohl angebracht. Entfällt ein transzendenter Bezug, entfällt auch eine wesentliche Grundlage für das Verständnis des Menschen als Person. Und so folgert der französische Philosoph M. Foucault konsequent: „Auf den Tod Gottes folgt notwendigerweise der Tod des Menschen".[9]

---

[7]   Schockenhoff, Eberhard: Wir Phantomwesen. Die Grenzen der Hirnforschung, in: Frankfurter Allgemeine Zeitung, 17. November 2003, 31

[8]   Singer, Wolf: Conditio humana, 163

[9]   Foucault, M., zitiert in: Furger, Franz: Zum theologischen Menschenbild, in: Schlagheck, Michael, (Hg): Theologie und Psychologie im Dialog über ihre Menschenbilder, Paderborn 1997, 32

Können wir also mit einem solchem Menschenbild unserem Menschsein mit all seinen Dimensionen gerecht werden und vor allem, können wir es in seiner Würde unbedingt schützen? „Die Wissenschaft ist an einen Punkt geraten, an dem sie gerade durch ihr gutes Wollen an den Kern des Menschen, seine Würde rührt."[10]

„Was ist der Mensch?" oder über die Schwierigkeit einer Frage

Was ist der Mensch? Diese uralte, wohl schwierigste und vielleicht deshalb immer wieder gestellte Frage aus dem 8. Psalm, ist angesichts der skizzierten Diskussion von großer Dringlichkeit. Was ist der Mensch? Es zeigte sich bereits, dass es keine Frage ist nur für akademische Betrachtungen oder ungefährliche Festreden, in denen Vortragende sich zu Beginn auf das christliche Menschenbild beziehen, das dann aber so oft für die weiteren Überlegungen folgenlos bleibt. Von der Antwort auf die Frage „Was ist der Mensch?" hängt viel ab für unser staatliches und unser persönliches Leben.

Warum aber ist diese Frage so schwierig zu beantworten?

Wenn wir gemeinsam über das Menschenbild nachdenken und sprechen, betrachten wir auch uns selbst. Wir selbst versuchen uns zu begreifen und wir tun dies wie in einem Spiegel, in dem wir uns selbst se-

---

[10] Elsner, Norbert / Schreiber, Hans-Ludwig, Einführung, in: Elsner / Schreiber, (Hg.): Was ist der Mensch?, Göttingen 2002, 7

hen. Zu Erklärendes und der Erklärende werden eins. Auch hier gilt, was der Psychoanalytiker Erich Fromm über die Kunst des Lebens gesagt hat, bei der ein Mensch „sowohl der Künstler als auch der Gegenstand seiner Kunst" ist, „der Bildhauer und der Stein, der Arzt und der Patient".[11]

Hinter der Frage, was der Mensch ist, liegt eigentlich die Frage, was der Mensch dem Menschen bedeutet und dieser Frage haben wir uns zu stellen.[12] Thomas Hobbes beantwortete sie, indem er sagte, die Menschen seien einander Wölfe; christlich inspiriert würden wir sagen, die Menschen seien einander Brüder und Schwestern. Was der Mensch dem Menschen bedeutet? Dabei denken wir an all das, womit Menschen andere Menschen an Körper und Seele verletzt haben und wozu wir noch heute fähig sind, wo die Würde des Menschen mit Füßen getreten wird. Dabei ist nun nicht nur zu denken an die Barbarei der Nationalsozialisten oder an Kriege und Massenmorde bis in unsere Tage hinein. Es ist nicht nur zu denken an Menschenrechtsverletzungen in China oder auf Guantanamo Bay. Es ist nicht nur zu denken an neue intensiv- oder transplantationsmedizinische Methoden, an Embryonen- und Stammzellenforschung, wenngleich es eben dabei auch gerade um die Frage geht, was der Mensch den Menschen bedeutet. Denken wir an alltägliche Erfahrungen von Kindern, Jugendlichen und älteren Menschen. Was bedeutet dem Menschen der andere Mensch, wenn er diesen bei Entscheidungen ausschließt oder einfach

---

[11] Fromm, Erich: Psychoanalyse und Ethik, 1995
[12] Vgl.: Höver, Gerhard: Menschenbilder. Neue Dimensionen kirchlicher Anwaltschaft für die Menschenwürde, 1. Teil, in: Pastoralblatt 9, 1997, 266f

über ihn hinweggeht, weil der andere einflusslos ist;
wenn er sich lächerlich macht über andere, weil sie
im Konsum nicht mithalten können, weil sie nicht so
schön, so erfolgreich oder so gesund sind; wenn er
andere abwertet, weil sie aus einer anderen Kultur
stammen, einen anderen Glauben haben, uns fremd
sind; wenn Mitleiden oder Mittrauern als fehl am
Platz erscheinen, weil dies reibungslose Abläufe
stört; wenn der Respekt anderen gegenüber verloren-
geht, weil sie nicht so viel leisten können. Viele
weitere Beispiele ließen sich anfügen. Hier gewinnt
die Frage nach unserem Menschenbild nicht nur Far-
be, sondern diese Beispiele führen uns bis an den
Grund unserer Vorstellung vom Menschen und stellen gesellschaftliche und persönliche Haltungen und
Handlungen in Frage.

Von der Grenzüberschreitung oder der offenen
Frage nach dem Wesen des Menschen

Einige der zu Beginn skizzierten herausfordernden
Fragen der Neurobiologie zeigen, wie eingehend dort
nach dem Menschen gefragt wird. Dies mag bei-
spielhaft stehen für die Zugehensweise verschiedener
empirischer Wissenschaften auf unsere Frage hin.
Sie alle versuchen den Menschen zu erforschen:
Biologie, Soziologie, Psychologie, Erziehungswis-
senschaften, Medizin und andere Disziplinen. Gelingt es ihnen aber eine ganzheitliche Antwort zu geben auf die Frage nach dem Menschen oder betrachten sie eher Einzelaspekte, z.B. woher der Mensch
kommt, seine soziale Eingebundenheit, den Einfluss
von Trieben auf Denken, Fühlen und Erleben, die
Entwicklung und Prägung in verschiedenen Lebens-

abschnitten usw.? Der Hinweis des Philosophen Emerich Coreth, dass diese Einzelaspekte immer eines Vorverständnisses bedürfen, was denn Menschsein bedeute, ist immer noch aktuell: „Wenn etwa der Biologe eine Erkenntnis gewinnt, die auch für menschliche Lebensprozesse bedeutsam ist, so sagt ihm seine Erkenntnis als solche nicht, was der Mensch ist. Er muß es schon zuvor wissen, um seine Einsichten als anthropologisch relevant zu erkennen. Wenn der Entwicklungsforscher auf ein Fossil stößt, in dem er einen menschlichen Schädelknochen erkennt oder vermutet ... so sagt ihm dieser Knochen nichts darüber, was der Mensch ist"[13]. Und dasselbe ist es mit den Bildern neuronaler Erregungsmuster, von denen ich zu Beginn sprach. Sie können nur sehr Begrenztes aussagen über Liebe, Leid, Trauer, Angst, Tod, über den Menschen, den Sinn seines Lebens. Gerade angesichts der Vielfalt der wissenschaftlichen Zugänge und der einzelnen Inhalte ist der Blick auf eine vorgängige Einheit notwendig, denn die „nachträgliche Einigung einer Vielheit von Einzelinhalten setzt als Bedingung ihrer Möglichkeit die vorgängige Einheit des Ganzen voraus".[14]

So sehr es also eines Vorverständnisses bedarf, eine genau umschriebene, endgültige und damit unverrückbare Definition dessen, was der Mensch ist, kann nicht gegeben werden. Das zeigt uns die Erfahrung aller Zeiten und auch heute gilt: Wer könnte das ganze Bild des Menschen beschreiben? Letztlich bleibt die Frage offen. Stimmt also der Satz Bertold

---

[13] Coreth, Emerich, zitiert in: Scherer, Georg: Strukturen des Menschen. Grundfragen philosophischer Anthropologie, Essen o.J. 14

[14] Coreth, Emerich, 14

Brechts: *„Es weiß seit langer Zeit / Niemand mehr, was ein Mensch ist"?*

Ein christliches Menschenbild oder über unscheinbare und selbstverständliche Spuren

Gilt dies nun auch für ein theologisches Menschenbild?[15] Vermittelt denn die christliche Botschaft nicht das letzte Wort Gottes zum Menschen? Hat Gott nicht in Christus sein letztes Bild vom Menschen gezeigt? Gewiss ist dies so und doch darf die Person Christi nicht zu dem *„einen* idealen Menschen*bild* emporgesteigert werden" (252), das für alle denkbaren Lebenssituationen Gültigkeit besäße. Die Kirche vertritt keine ungeschichtliche Fixierung auf abstrakte Menschenbilder. Die Christusnachfolge führt in unterschiedlichste Situationen (denken wir an die verschiedenen Lebenswege von Heiligen). Bilder *des* idealen Menschen können in diesen verschiedenen Lebenssituationen nur sehr abstrakt sein und zerbrechen damit leicht.

Zudem folgt auch ein theologisches Menschenbild geschichtlichen Ausprägungen einer Sicht vom Menschen. Vieles von dem, was die Theologie über den Menschen sagt, weiß sie vom Menschen und nicht aus der Offenbarung Gottes. So hat die frühchristliche Theologie bei ihrer Rede vom endzeitlichen Schicksal des Menschen auf das Gedankengut des Platon zurückgegriffen, bei der Rede von der Natur

---

[15] Vgl. Lehmann, Karl: „Aus Gottes Hand in Gottes Hand". Kreatürlichkeit als Grundpfeiler des christlichen Menschenbildes, in: Elsner / Schreiber: Was ist der Mensch?, Göttingen 2002, 249 - 270; auch: Lehmann, Karl: Glauben bezeugen, Gesellschaft gestalten. Reflexionen und Positionen, Freiburg 1993, 43 - 51

auf die Stoa. Bis in unsere Gegenwart hinein ist die christliche Rede vom Menschen durch andere Wissenschaften geprägt. Ihre Spurensuche, ihre je unterschiedlichen Perspektiven, bereichern unser christliches Bild vom Menschen. So verdanken wir z.b. der Psychoanalyse in besonderer Weise die Einsicht, wie sehr sich Erlebnisse und Erfahrungen unserer Lebensgeschichte in unsere Seele eingebrannt haben.

Daraus zieht Kardinal Lehmann als Fazit: „Das theologische Menschenbild ist immer schon geschichtlichen Ausprägungen eines bestimmten Verständnisses des Menschen verpflichtet. Es gibt nicht das chemisch reine, theologische Bild des Menschen, denn selbst die Interpretation etwa der Gottesebenbildlichkeit trägt ganz deutlich die Spuren einer bestimmten Zeit. >Wesen< und >Geschichte< kommen immer schon vermittelt vor, nicht in jeweiliger Reinkultur" (251). Gerade weil der christliche Glaube jedoch nicht *das eine* Menschenbild vertritt, kann er das interdisziplinäre Gespräch darüber führen, was den Menschen ausmacht. Dies kann mit all denen gelingen, die selbst nicht abgeschlossene, totalitäre Menschenbilder vertreten.[16]

Bei der 10. Spurensuche machte der Religionspädagoge Jan Heiner Schneider deutlich, wie sehr religiöse Kernfragen nach dem Sinn des Daseins, woher der Mensch komme und was er hoffen dürfe, im Kontext einer verweltlichten Welt erscheinen und er

---

[16] Kardinal Lehmann nennt für solche Gespräche „Unverträglichkeitsgrenzen": Es dürfe nicht geleugnet werden, dass der Mensch sinnvoll über sich hinaus fragt; dass er substantiell einer und nicht nur ein Bündel verschiedener Aggregate ist; dass die Universalität der Menschheit akzeptiert wird. (253f)

ist sicher: „Wir müssen noch vieles lernen und vieles neu buchstabieren. Wo findet sich das Religiöse unter den Bedingungen und Herausforderungen unserer Zeit, wo graben wir es auf, wo und wie können wir es kultivieren, wo es im Unscheinbaren und Selbstverständlichen entdecken?"[17]

Konturen eines christlichen Menschenbildes

Lassen Sie mich auf diesem Hintergrund, wissend um gegenwärtige Anfragen und um die Geschichtlichkeit solcher Aussagen, Konturen eines christlichen Menschenbildes beschreiben, die einen Rahmen bilden können für verschiedenste Realisierungen des Menschseins.

Der Mensch fragt über sich hinaus

Wer würde diese Erfahrung nicht kennen? Da gibt es beglückende Momente im Leben, in denen man bis auf den Grund zu schauen meint, wirklich erfüllte Augenblicke, bei einer Bergwanderung schweigend vor der Großartigkeit der Schöpfung zu stehen, beim Hören eines Konzertes überwältigendes Glück zu empfinden, im Gespräch tiefes wechselseitiges Verstehen zu spüren, in Zeiten des Schweigens Gottes Zuspruch zu erfahren ...; Momente, die man festhalten möchte. Es sind Augenblicke, die weit hinaus-

---

[17] Schneider, Jan Heiner: Abnehmende Kirchlichkeit und wachsende Religiosität? Neue Dimensionen des Religiösen im Säkularen, in: Fährmann, Willi / Steinkamp, Vera / Schlagheck, Michael: Spurensuche 10. Religion in der Kinder und Jugendliteratur. Verwehte Spuren?, Mülheim an der Ruhr 1997, 24

weisen über unseren Alltag, über die Macht des Faktischen, über das, was wir messen und wiegen können, über das, was wir regulieren und beeinflussen wollen, Augenblicke, die etwas Ganzes mit einem vollständig anderen Maßstab aufscheinen lassen, etwas vom Geheimnis der Menschen und der Welt.

Es sind Augenblicke, in denen der Mensch sich selbst übersteigt, sich und die Welt, Augenblicke, in denen er transzendiert, in denen er spürt: Ich bin in einer Hand gehalten, die nicht die meine ist. Neue Leitbilder können dem Menschen dabei aufscheinen, wie z.b. Gerechtigkeit, Freiheit, Solidarität, Hoffnung, Frieden und Zukunft. Lassen wir nun einmal außer Acht, dass der Mensch sich dabei auch täuschen kann und möglicherweise eingespannt wird für Interessen anderer einzelner Menschen oder Gruppen, dass er vielleicht einem falschen Ideal nachjagt. Wichtig ist hier nur: Der Mensch schaut und fragt über sich hinaus, stellt sich Nietzsches Frage „Wozu Mensch überhaupt?"[18] und er ist zu einer Antwort fähig.

Es zeigt sich, der Mensch ist verwiesen auf Sinn und immer wieder stellt er die Frage danach. Der Philosoph Hans Georg Hengstenberg nennt dies die „Urintuition" des Menschen. Dieser Urintuition kann er in beglückenden Momenten folgen und in Augenblicken größter Verstörung, in denen er sich am Boden fühlt, am Sinn zweifelt und sich fragt, ob es überhaupt noch weitergehen kann. „So gilt: Wenn es

---

[18] Nietzsche, zitiert in: Scherer, Georg: Glaubenskrise und Erwachsenenbildung. Gutachten für die Erwachsenenbildung im Bistum Essen von 1985 – 1992, Annweiler / Essen 1993, 12, Vgl. dort auch im ff.

um den Sinn geht, dann geht es im buchstäblichen Sinn um alles" (13). Es geht darum, wie der Mensch sich zu sich selbst verhält und wie er über sich selbst und die ganze Welt hinausgeht. Der Mensch besitzt, wie Josef Pieper es formulierte, eine „Offenheit für das Ganze". Kein Tier wäre dazu in der Lage, nach seiner Herkunft zu fragen, nach seinem Ziel und dem der Welt, nach dem Ganzen, dem Geheimnis von Mensch und Welt.

Für Glaubende hat dieses Geheimnis einen Namen: Gott. Und dieser Gott existiert nicht fernab von den Menschen. Sie erfahren ihn als einen handelnden Gott in ihrer Geschichte. Die Menschen sind ihm nicht gleichgültig; ihnen ist er ein naher Gott. Mit ihnen zieht er durch das Wasser und durch die Wüste in das verheißene Land und sie vertrauen darauf, dass er am Ende alle Tränen trocknen und alles neu machen wird. „Ich bin der, der ich immer für euch da sein werde", heißt es im Buch Exodus (3,14).

Diesen Weg Gottes mit den Menschen mitzugehen, sich darauf einzulassen, heißt Glauben und es heißt zugleich, kritisch zu sein gegenüber allen Idolen, die Gott zum Verwechseln ähnlich sein wollen, seien es ideologisch totalitäre Systeme, die sich zum Subjekt der Gesamtgeschichte machen, sei es die Partei, die Klasse, die Nation, der Konsum, heißt kritisch zu sein gegen menschliche Allmachtsphantasien, von Horst Eberhard Richter treffend als „Gotteskomplex" entlarvt. „Es gibt einen Weg zu Gott nur durch die Kritik der Idole und der ständig wiederkehrenden Versuchung, ihn mit anderem als mit ihm selbst zu verwechseln. Das Bilderverbot bleibt die Erinnerung daran, dass es stets dieses Auszugs aus dem Gewohnten und Vertrauten bedarf: 'Du sollst Dir kein geschnitztes Bild machen'."[19]

Der Mensch ist Geschöpf Gottes. Das christliche Menschenbild erinnert uns aber daran, dass der Mensch noch weit mehr ist. Er ist „Bild Gottes". „Dann sprach Gott: Laßt uns Menschen machen als unser Abbild, uns ähnlich", heißt es im Buch Genesis (1,27). Im Menschen sehen wir Gott. Der Psalmist sagt über den Menschen: „Du hast ihn nur wenig geringer gemacht als Gott, hast ihn mit Herrlichkeit und Ehre gekrönt. Du hast ihn als Herrscher eingesetzt über das Werk deiner Hände, hast ihm alles zu Füßen gelegt" (Ps 8,6f). Als Bild Gottes kann der Mensch nur in der Beziehung zu Gott als seinem Ursprung und seinem Ziel existieren. Es ist damit aber keine den Menschen beschränkende, klein machende Abhängigkeit begründet. Gott denkt groß vom Menschen; Der Mensch ist Bild Gottes, der die Freiheit ist und als sein Bild hat Gott den Menschen zur Freiheit berufen, zur Freiheit, sich gegenüber, allem Endlichen, allen Dingen und Situationen zu verhalten. Der Mensch als Ebenbild Gottes darf nie verzweckt werden. Im Menschen begegnen wir Gott. Ihn kann man nicht verehren, ohne sich mit Selbstachtung zu begegnen und den Mitmenschen hoch zu schätzen (Doppelgebot der Gottes- und Nächstenliebe).

„Dieses Menschenbild sucht seinesgleichen in der menschlichen Geistesgeschichte"[20] konstatiert Franz Furger und weist daraufhin, dass es zwar in der Vorstellung der altgriechischen Philosophie „etwas

---

[19]   Lehmann, Karl, Aus Gottes Hand in Gottes Hand, 256f
[20]   Furger, Franz, Zum theologischen Menschenbild, 36

Göttliches" im Menschen gab. Doch nun sprechen wir von einer personalen Beziehung zwischen Gott und Mensch. Karl Rahner spricht sogar von der Partnerschaft zwischen Gott und Mensch, womit er allerdings keine Gleichheit annimmt.[21]

Dass der Mensch Gottes Ebenbild ist, darin liegt auch die besondere Würde des Menschen, seine Einmaligkeit, begründet. Diese Würde wird keinem durch einen anderen Menschen zugewiesen und sie kann ihm auch nicht genommen werden, gleich ob er ein ungeborenes Kind oder ein sterbender Mensch ist. Der Mensch besitzt die Würde.

An dieser Stelle kann nur kurz darauf hingewiesen werden, dass ein christliches Menschenbild heute ohne die Idee der Menschenrechte nicht mehr vermittelt werden kann. Die katholische Kirche hat hierbei in ihrer Geschichte einen Wandel vollzogen. Vor allem aufgrund der Verhältnisbestimmung von Kirche und Staat, von Wahrheit und Freiheit wurden von ihr im 19. Jahrhundert die Menschenrechte noch abgelehnt. Papst Johannes XXIII. hat diese zumindest partielle Ablehnung mit Pacem in terris überwunden und das Zweite Vatikanische Konzil schließlich verankerte die unverletzlichen Menschenrechte in der Würde der Person. Es zeigt sich, dass die Menschenrechte durch einen Bezug auf das christliche Personenverständnis und die Begründung der menschlichen Würde an Tiefe und damit an Unverletzlichkeit gewinnen können.

21 Rahner, Karl: Grundentwurf einer theologischen Anthropologie, in: Arnold, F. X. u.a. (Hg.): Handbuch der Pastoraltheologie, Bd. II/I, Freiburg 1966, 26

Der Mensch ist zur Freiheit berufen

Von der Freiheit als dem wesentlichen Element des christlichen Menschenbildes war bereits kurz die Rede. *„Der Mensch ist das weltlich-leibhaftig-geschichtliche Freiheitswesen,"*[22] sagt Karl Rahner in seiner theologischen Anthropologie. In der Welt, mit seinem Leib und nicht jenseits von Herausforderungen der Geschichte, verwirklicht der Mensch seine Freiheit. Dazu ist er von Gott berufen.

Es gehört untrennbar zu unserem privaten und beruflichen Alltag, dass wir zwischen Möglichkeiten zu wählen haben, vor die wir gestellt werden? Oft haben wir sie uns nicht ausgesucht und es wäre uns auch viel lieber, wir müssten nicht wählen.

Die Freiheit war auch für Aristoteles eine Frage und er hat sie anhand einer kleinen Erzählung zu beantworten gesucht.[23] Ein Schiff transportiert eine wertvolle Ladung von einem Hafen zu einem anderen. Die halbe Wegstrecke liegt hinter dem Kapitän und seiner Mannschaft als ein gewaltiger Sturm aufkommt. Für den Kapitän gibt es scheinbar nur eine Lösung, um das Schiff und die Besatzung zu retten, nämlich die kostbare Ladung über Bord zu werfen. Der Kapitän steht vor folgender Alternative: Werfe ich die Fracht über Bord oder kann ich es riskieren, beizudrehen und auf eine Wetterbesserung zu hoffen? Handelt er aber nicht, könnte er Schiff, Besatzung und Ladung verlieren. Er will mit Schiff, Be-

---

22 Rahner, Karl: Theologische Anthropologie, 26
23 Vgl. im ff. Savater, Fernando: Tu, was du willst. Ethik für die Erwachsenen von morgen, Weinheim und Basel 2001, 32 - 49

satzung und Ladung im Hafen ankommen. Nichts sehnlicher wünscht er sich. Ob er nicht am besten auf die Ladung verzichtet? Warum muss ausgerechnet mich, so denkt er, dieser Sturm treffen? Aber er hat ihn sich nicht ausgesucht. Daran kann er nichts ändern. Was er tun kann, ist sich zu entscheiden. Sollte er die Fracht über Bord werfen, dann tut er es, weil er es will und doch will er es eigentlich nicht. Er will überleben und zugleich will er den Gewinn der Reise, den er nur erhält, wenn er die Fracht in den Hafen bringt. Darauf verzichtet er nicht gerne.

Der Kapitän im aristotelischen Beispiel wird wählen. Er ist frei in seiner Wahl, so merkwürdig dies jetzt auch klingen mag. Er ist frei in dieser Situation, zu entscheiden, obwohl er sie nicht gewählt hat.

Erkennen wir uns nicht in dieser Erzählung des Aristoteles wieder? Bei schwierigen Entscheidungen ist unsere Lage der des Kapitäns doch sehr ähnlich. Glücklicherweise stehen wir nicht ständig vor Entscheidungen, die einer so intensiven Reflexion bedürfen, bei der es wirklich um Leben und Tod geht. An diesem Punkt der Entscheidung kommt übrigens die Moral ins Spiel, denn das lateinische Wort „mores" meint nichts anderes als Gewohnheiten, als Sitte. Moral, das ist die Ganzheit der Handlungen und Normen einer großen Gruppe, eines Berufsstandes, einer Gesellschaft und dies prägt uns.

Wenn ich Ihnen z.B. sagen würde, der Kapitän habe nur einen Teil der Ladung über Bord geworfen und für den verbleibenden Teil habe er die schlechtesten Matrosen mit dem entsprechenden Gewicht ins Wasser geworfen. Würden Sie nicht aus der Perspektive Ihrer Moral große Bedenken anmelden?

Der Kapitän muss sich entscheiden, er *kann* sich entscheiden. Er kann Ja oder Nein sagen. Darin besteht seine Freiheit. Für den spanischen Philosophen Fernando Savater heißt Freiheit, sich zu entscheiden und über diese Entscheidung Rechenschaft zu geben, heißt verantwortlich zu sein. Nur so nehme ich Freiheit ernst. Freiheit steht im krassen Gegensatz zum sich treiben lassen.

Ein christliches Menschenbild bestärkt uns, nicht auf irgendeine Weise zu leben, nicht so zu leben, als ob einem alles egal wäre. Wer menschlich gut leben will, wer nicht nur einen Geschmack in Fragen von Essen, Kleidung und Einrichtung entwickeln, sondern einen moralischen Geschmack entwickeln will, der weiß, dass wir frei sind, zu entscheiden und zu verantworten.

Denken wir aber zurück an den Kapitän. War er wirklich frei? Bei der Beantwortung rühren wir an das eigentliche Problem von Freiheit und Ethik. Wir sind nicht frei, nicht frei zu sein. Wir sind frei und wir können es gar nicht anders. Auch wenn der Kapitän sich nicht entscheidet, hat er gewählt, nicht zu wählen. „Wir sind zur Freiheit verdammt", hat der Philosoph Jean-Paul Satre gesagt. Zugegebenermaßen, diese Aussage hat einen negativen Beigeschmack. Lieber würde ich es so formulieren: Der Mensch ist von Gott zur Freiheit berufen und weil das so ist, kann er Verantwortung übernehmen und Rechenschaft geben. Natürlich kann man an den Bedingungen seiner Entscheidungen und seines Handelns nicht vorbeisehen. Hier gibt es Begrenzungen unterschiedlichster Art. Niemand fängt bei Null an. Es ist wichtig, dies zu sehen und hieran erinnern uns die Hinweise der Hirnforschung. Zu den Bedingungen – und hier gilt es den deterministischen Vorstellungen der Hirnforschung aus der Sicht eines christlichen Menschenbildes zu widersprechen – kann der Mensch sich aber verhalten. Sie sind ihm nicht unabänderlich vorgegeben.

Und die Geschichte zeigt weiteres: Freiheit kann rücksichtslos gebraucht werden. Der Kapitän hätte nur seinen Eigennutz verfolgen und Menschen opfern können. Eigennutz ist zwar nicht immer von vornherein unmoralisch. In diesem konkreten Fall hätte der Kapitän jedoch die Rechte anderer geopfert, hätte sich selbst absolut gesetzt. Der Gebrauch der Freiheit verlangt die wechselseitige Achtung der Freiheit anderer.

Der Mensch lebt in Gemeinschaft

„Der Mensch ist das Wesen der Interkommunikation",[24] formuliert Karl Rahner in seiner theologischen Anthropologie. Der Mensch ist ohne Beziehung zur Welt und zu anderen Menschen nicht vorstellbar. Ohne sie kann er nicht sein. Der Mensch verdankt sein Leben der Liebe seiner Eltern. Als hilfloser Säugling eigentlich zu früh geboren, Adolf Portmann spricht vom Menschen als „physiologischer Frühgeburt", bedarf er der aufmerksamen Sorge und für das Leben in der Welt eigentlich nicht richtig mit natur-

---

[24] Rahner, Karl: Theologische Anthropologie, 31

gegebener „Kleidung" oder mit Instinkt ausgestattet, Gehlen spricht vom „Mängelwesen" Mensch, braucht er die Gemeinschaft und die Hilfe anderer Menschen.

Der Mensch ist nicht nur ein biologisches, sondern zugleich ein kulturelles Wesen. Ohne kulturelles Lernen würde der Mensch nicht zu sich selbst finden und hier ist an erster Stelle die Sprache zu nennen. Die Sprache wurde mir gelehrt. Kein Mensch kann alleine sprechen lernen. Wie mit jemandem gesprochen und wie ihm zugehört wird, sagt viel darüber aus, was ein Mensch einem anderen bedeutet, zeigt Respekt, Achtung und Rücksichtnahme. Die Ausgrenzung und Verfolgung von Menschen beginnt in der Regel mit sprachlichen Abwertungen. Die Nazis bezeichneten die Juden als „Ungeziefer" und dies führte zur Vernichtung in Auschwitz. Eine furchtbare Konsequenz dieser sprachlichen Zuweisung. Auf die Dehumanisierung folgt der Mord.

Der Mensch ist ohne Beziehung zu anderen Menschen, ohne die wechselseitige Achtung, nicht überlebensfähig. Eindrucksvoll wird dem Zuschauer dies in einem Filmklassiker vor Augen geführt: Citizen Kane. Die Handlung kurz gerafft[25]: Der einflussreiche Zeitungsmagnat Charles Forster Kane stirbt. Ein Wochenschauteam arbeitet an seinem Nachruf. Als Fünfundzwanzigjähriger kauft Kane mit dem Reichtum seiner Familie eine heruntergekommene Zeitung und macht sie zu einem auflagenstarken Sensationsblatt. Rastlos stürzt er sich in immer wieder neue Aktivitäten. Seine Ehe zerbricht darüber

---

[25] Vgl. Metzler Filmlexikon: Citizen Kane

und auch die neue Verbindung scheitert an seiner Eigenwilligkeit und seinem Egoismus. Kane schließt die Geliebte förmlich in seinem Prunkschloss Xanadu ein. Mit den schönsten und kostbarsten Dingen umgibt er sich, doch am Ende seines Lebens haust er allein in seinem Schloss; sein Bild wird hundertfach von Spiegeln zurückgeworfen. Wie in seinem Leben zuvor, sieht er nur sich und seine Allmachtsphantasien. Es ist das Bild eines einsamen Menschen. Sein Butler wird dem Reporter später vom Ende berichten. Dem sterbenden Kane gleitet eine Schneeglaskugel aus der Hand und dabei murmelt er das Wort „Rosebud". Gerade als der Reporter das Schloss verlässt, sieht der Zuschauer einen Ofen, in dem Gerümpel verbrannt wird. Hineingeworfen wird auch ein alter Schlitten. Auf ihm lesen wir den Schriftzug „Rosebud".

Der Schlitten als Symbol für die Zeit der Kindheit, für die Zeit, in der Kane Zuneigung und Nähe erfuhr, der Schlitten als Symbol für menschliche Beziehungen, für Interesse, für Dazwischensein. Diese Wahrheit ist Kane geblieben in seiner Sterbestunde. Nicht auf die Macht, den Einfluss und das Besitzen kommt es an, sondern auf die Urerfahrung der Beziehungen mit Wertschätzung, Verlässlichkeit, Solidarität, und im besten Falle die unbedingte Annahme, die Vieles oder gar Alles ermöglichende Liebe.

Mit dieser Liebe rühren wir auch an das Absolute, an Gott. Der andere Mensch ist mir bedeutsam und Versagen und Tod können nichts von dieser Bedeutsamkeit nehmen. „Denn lieben (= unbedingt akzeptieren) heißt nach Gabriel Marcel sagen: Du sollst leben, du sollst nicht untergehen"[26]. Selbst vor der radikalen Endlichkeit des Todes verstummt diese Aussage nicht. Du sollst nicht untergehen. Hier erfahren wir eine Wirklichkeit, die alle Endlichkeit und alle menschlichen Begrenzungen übersteigt. Die *Unbedingtheit* der liebenden Beziehung kann nur im Absoluten, christlich gesprochen in Gott, begründet sein. „Wir müssen die ganze Tragweite dessen, worum es hier geht, erfassen: Gibt es im Menschen keine Teilhabe an ... Gott ..., so ist es letztlich sinnlos jemanden unbedingt zu lieben. Ist es aber sinnlos, unbedingt zu lieben, so ist nicht nur alles, was es an Tiefgang zwischen Mann und Frau, Eltern und Kindern, Geschwistern, Freunden gibt, hinfällig, sondern auch jedes unbedingte politische Engagement für die Armen und Unterdrückten, für Frieden und Freiheit."[27]

„Rosebud", ein Schlitten: das Symbol für Zuneigung, Annahme und eine unbedingte Liebe. Eine Sehnsucht und eine Wirklichkeit, wie sie sich im christlichen Menschenbild ausdrückt.

Menschen leben mit dem Scheitern

Er baute die herrliche Stadt Korinth auf einer schmalen Landzunge zwischen zwei Meeren, Sisyphos, und er beherrschte sie. Eine Sage aus der Zeit vor dem trojanischen Krieg erzählt von ihm.[28] Al-

---

[26] Scherer, Georg, Strukturen des Menschen. Grundfragen philosophischer Anthropologie, Essen o.J. 147

[27] Scherer, Strukturen des Menschen 147f

[28] Schwab, Gustav: Die schönsten Sagen des klassischen Altertums, Stuttgart 1986, 224

lerlei Betrug warf ihm die Unterwelt vor und aus diesem Grund traf ihn die Strafe. Einen schweren Marmorstein musste er mit dem Einsatz seines ganzen Körpers von der Ebene einen Berg hinaufwälzen. Immer wenn er sich am Ziel wähnte, drehte sich der Stein und rollte wieder bis in das Tal. Immer wieder neu musste Sisyphos den riesigen Fels emporwälzen, Angstschweiß auf allen Gliedern.

Die Sage des Sisyphos beschreibt Schuld, Begrenzung, Angst und Scheitern. Und vielleicht ist es tatsächlich so, wie Paul Ricoeur es annimmt, dass nur in Mythen und Bildern angemessen von der Schuld und ich füge an auch von den Begrenzungen und dem Scheitern gesprochen werden kann. Wie anschaulich wird dieser Sisyphos. Rastlos mit unstillbarem Verlangen, den Stein auf den Gipfel zu bringen und immer wieder neu erfährt er seine Begrenzung, seine Endlichkeit. Ist Sisyphos unser Zeitgenosse?

Als wichtigster Vorkämpfer der Menschen ist er bekannt, oft dargestellt mit der Fackel in der Hand, Prometheus, der Vorausdenkende.[29] Es heißt, er habe die Menschen aus Lehm modelliert. Auch eine wichtige Grundlage der Zivilisation verdanken ihm die Menschen, das Feuer. Für die Götter war es reserviert, während die Menschen armselig lebten, sich nicht warm halten und kein Essen kochen konnten. Prometheus, so heißt es, stahl das Feuer aus dem Himmel und brachte es in einem Rohr verborgen auf die Erde. Zeus erboste dies derart, dass er Prometheus hart bestrafte. Über dreißigtausend Jahre hing

---

[29] Tripp, Edward: Reclams Lexikon der antiken Mythologie, Stuttgart, 5.Aufl., 1991, 455f

er an einer Felsspitze festgeschmiedet und ein Adler hackte ihm die immer wieder neu nachwachsende Leber täglich aus dem Körper. Auch bei ihm die unermessliche Bereitschaft, Grenzen zu überwinden, zu sein wie Gott. Doch die Kreatürlichkeit des Menschen überwindet er nicht. Ist Prometheus unser Zeitgenosse?

Sisyphos und Prometheus stellen uns vor die Frage nach unserer Begrenztheit, unserer Endlichkeit und für ein christlichen Menschenbild erscheint mir diese Frage als besonders bedeutsam. Wie nehmen wir Menschen unsere Endlichkeit an? Ist es die größte Kränkung des Menschen, wie Sigmund Freud annimmt? Kämpfen wir gegen die Endlichkeit an oder nehmen wir sie an? Sehen wir Menschen unsere Potenziale, doch auch unsere Grenzen?

Sisyphos und Prometheus stellen uns vor die Frage nach Vollkommenheit, denn die Erfahrung der Endlichkeit ruft die Sehnsucht nach Vollkommenheit hervor. Sie kann sich in den verschiedensten Gewändern zeigen: Machtstreben, Einfluss, Erfolg, Anerkennung und Ruhm, Genuss und durchaus auch in rigoristischer Religiosität. Die Erfahrung dessen, was er ist und dem, was er sein sollte, befindet sich im Menschen in immer wieder neuem Widerstreit.[30] Und es ist diese unausweichliche Differenz, in der sich der Mensch als sittliches Wesen erweisen muss, in der er zwischen Gut uns Böse unterscheiden muss. Die christliche Sicht vom Menschen ist gegenüber dieser Grundwirklichkeit durch Realismus gekennzeichnet. Unser Glaube kennt die menschlichen

---

[30] Vgl. dazu Lehmann, Karl: Aus Gottes Hand in Gottes Hand, 258ff

Schwierigkeiten, in dieser Spannung zwischen Anspruch und Erfüllung zu leben. „Der Mensch ist das scheiternde Wesen"[31], formuliert Karl Rahner nüchtern in seiner theologischen Anthropologie. Natürlich zeichnet den Menschen auch das Gelingen aus aber was kein Tier kann, der Mensch kann weit hinter seinem Anspruch zurückbleiben, sich im Eigentlichen verfehlen und scheitern.

Christen wissen in ihrer Sicht vom Menschen um mögliches Scheitern. Das Christentum kennt nicht vor allem Siegertypen, seine Geschichte ist nicht eine Siegergeschichte, die Geschichte Gottes mit den Menschen nicht die mit den Starken und Erfolgreichen. In der Urkunde unseres Glaubens stoßen wir immer wieder auf große Menschen, die auch scheitern. Da ist z.B. Petrus, der Fels, auf dem die Kirche gebaut ist, dem die Schlüssel des Himmelreiches gegeben werden und er verleugnet seinen Herrn dreimal. Und doch sind es Menschen wie Petrus, mit denen Gott sein Reich baut, Menschen wie Maria aus Magdala, wie der Zöllner und andere Ausgeschlossene. Und da ist Jesus selbst. Er suchte die Nähe zu Ausgestoßenen, Gedemütigten, zu Sündern und Verlorenen.[32] Er zeigt: Vor dem barmherzigen

---

[31] Rahner, Theologische Anthropologie 34

[32] Der Synodenbeschluss „Unsere Hoffnung" zeigt die Konsequenzen daraus für christliches Leben. „Der Weg in die Nachfolge Jesu führt immer in jenen Gehorsam, der das Leben Jesu ganz durchprägt und ohne den es schlechthin unzugänglich bliebe. In diesem Gehorsam wurzelt auch die Jesus eigentümliche Menschenfreundlichkeit, seine Nähe zu den Ausgestoßenen und Gedemütigten, zu den Sündern und Verlorenen. ... Es ist das leuchtende Bild des Gottes, der erhebt und befreit, der die Schuldigen und Gedemütigten in eine neue verheißungsvolle Zukunft entläßt und ihnen mit den ausgestreckten Armen des Erbarmens entgegenkommt. Ein

Gott dürfen Menschen ihren inneren Widerstreit zeigen, dürfen ehrlich sein zu sich selbst und ihr immer neues Scheitern eingestehen und vor allem annehmen, denn sie wissen sich von ihm gehalten. Wer dazu in der Lage ist, kann auch anderen Menschen barmherzig begegnen. Er kann sich und anderen die Angst davor nehmen, perfekt sein zu müssen, die Angst davor, den Marmorstein nicht bis auf den Gipfel hinaufwälzen zu können. Er kann dem heute so weit verbreiteten „Gotteskomplex" widerstehen, der Versuchung, das Feuer aus dem Himmel holen zu können. Wer die eigene Begrenzung sieht und annimmt, kann mit den Begrenzungen anderer umgehen und er wird sich für gesellschaftliche Strukturen stark machen, die Gescheiterte auffangen und ihnen neue Anfänge ermöglichen.

Die Grenzen zu erkennen, Bruchstückhaftigkeit und Scheitern anzunehmen, muss nicht im Gegensatz stehen zu Ganzheit und Gelingen. Der Begriff des Fragments mag helfen, dies zu erkennen. Er entstammt der Welt der Kunst und gilt landläufig eher als Negativurteil über zerstörte oder unvollständig gebliebene Werke der Vergangenheit bzw. über ihre Form noch nicht gefundene Arbeiten. Gewinnt der Betrachter dieser Kunstwerke jedoch nicht oft einen anderen Eindruck? Sieht er nicht im Fragment das Ganze? Ist in ihnen nicht die Ganzheit, auch wenn sie abwesend ist, anwesend? Briefe Dietrich Bonhoeffers, die er aus dem Gefängnis an seine Eltern und ihm nahestehende Personen geschrieben hat, zeigen dies nachdrücklich. So schrieb er im Februar 1943: „Es kommt wohl darauf an, ob man dem

---

Leben in der Nachfolge ist ein Leben, daß sich in diese Armut des Gehorsams Jesu stellt". (Unsere Hoffnung, III.1)

Fragment unseres Lebens noch ansieht, wie das Ganze eigentlich angelegt und gedacht war und aus welchem Material es besteht. Es gibt schließlich Fragmente, die auf den Kehrichthaufen gehören (selbst eine anständige >Hölle< ist noch zu gut für sie) und solche, die bedeutsam sind auf Jahrhunderte hinaus, weil ihre Vollendung nur eine göttliche Sache sein kann, also Fragmente, die Fragmente sein müssen – ich denke z.B. an die Kunst der Fuge. Wenn unser Leben auch nur ein entferntester Abglanz eines solchen Fragments ist, in dem wenigstens eine kurze Zeit lang die sich immer stärker häufenden verschiedenen Themata zusammenstimmen und in dem der große Kontrapunkt vom Anfang bis zum Ende durchgehalten wird, so daß schließlich nach dem Abbrechen – höchstens noch der Choral: >Vor deinen Thron tret ich allhier< – intoniert werden kann, dann wollen wir uns auch über unser fragmentarisches Leben nicht beklagen, sondern dran sogar froh werden"[33].

Das christliche Menschenbild erinnert jeden einzelnen und die Gesellschaft an einen wahrhaft humanisierenden Maßstab für gelingendes Leben unter Anerkennung der Endlichkeit, des Scheiterns sowie der Bruchstückhaftigkeit und der Hoffnung auf Vollendung.

---

[33] Bonhoeffer, Dietrich: Widerstand und Ergebung, München 1952, 153 f

Menschen leben im „Heute Gottes"

„Der Mensch ist das Wesen der Zukünftigkeit."[34] Vertröstet diese Aussage einer theologischen Anthropologie nicht Menschen auf eine ungewisse Zukunft hin? Kardinal Lehmann antwortet auf diese Frage mit einer harten Rede: „Wer den Geist Jesu Christi hat, für den kann überall und auch schon heute, inmitten des Elends, der Tag des Heils beginnen (>jetzt<, >Stunde<, >heute<)".[35] Wie gehen diese Zukünftigkeit und diese Gegenwart im christlichen Menschenbild aber zusammen?

In der Konstitution über die Kirche in der Welt von heute sagt das 2. Vatikanische Konzil: „Den Zeitpunkt der Vollendung der Erde und der Menschheit kennen wir nicht, und auch die Weise wissen wir nicht, wie das Universum umgestaltet werden soll. Es vergeht zwar die Gestalt dieser Welt, die durch die Sünde mißgestaltet ist, aber wir werden belehrt, daß Gott eine neue Wohnstätte und eine neue Erde bereitet, auf der die Gerechtigkeit wohnt und deren Seligkeit jede Sehnsucht nach Frieden in den Herzen der Menschen erfüllt und übertrifft".[36] In prächtigen Bildern spricht die Bibel von der letzten Zukunft als dem himmlischen Hochzeitsmahl, als der Stadt in Frieden und Gerechtigkeit, als himmlischer Liturgie, als einer Zukunft mit „Gott alles in allem" (1 Kor 15,28). Diese Zukunft ist und vermittelt Kraft in der Gegenwart.

---

[34] Rahner, Theologische Anthropologie, 33
[35] Lehmann, Karl: Aus Gottes Hand in Gottes Hand, 266
[36] Gaudium et spes, 39

Früher sprach man in der Kirche von der Zukunft als der „Lehre von den letzten Dingen". Die Dynamik christlicher Zukunft verdient diesen Begriff nicht. Diese Zukunft, der wir Menschen entgegengehen, ist kein abgeschlossenes Ereignis am Ende der Welt, denn sie hat in Christus bereits begonnen. Das Konzil eröffnete uns wieder die Sicht auf diese lang verstellte Dynamik. „Die Erwartung der neuen Erde (darf) die Sorge für die Gestaltung dieser Erde nicht abschwächen, wo der Leib der neuen Menschheitsfamilie wächst, der schon eine umrißhafte Vorstellung von der neuen Welt bieten kann, sondern muß sie vielmehr ermutigen."[37] Die zukünftige Gottesherrschaft ist nicht mehr nur die prophetische Zukunft; sie hat begonnen. Die Gegenwart ist für den Menschen daher eine Zeit des Heils und die Gegenwart ist die Zeit, in der Menschen, durch ihren Glauben inspiriert, anders leben können. Das christliche Bild vom Menschen ermutigt, im „Heute Gottes" (fr. Roger Schutz) zu leben und sichert uns zu, dass es auch morgen und am Ende unseres eigenen Lebens ein Heute geben wird.

Der Mensch fragt über sich hinaus. Der Mensch ist zur Freiheit berufen. Der Mensch lebt in Gemeinschaft. Der Mensch lebt mit dem Scheitern. Der Mensch lebt im „Heute Gottes".

Ein realistisches Bild vom Menschen, dass Christen zeichnen. Sie zeichnen es mit einer großen Achtung vor der unbedingten Würde eines jeden einzelnen Menschen. Dies ist konsequenzenreich für viele Einzelfragen, für den Beginn des Lebens, für die Ach-

---

[37] Gaudium et spes, 39,2

tung des Menschen im Wirtschaftsleben, für sein Recht auf Arbeit, für den alltäglichen Umgang miteinander in Familie, Kindergarten und Schule, für die Einstellung zu Gesundheit und Krankheit, für Sterben und auch für den Tod. In der Nachfolge Jesu erheben Christen Widerspruch, wenn menschliche Würde klein geschrieben wird, wenn mit Definitionen die Festlegung versucht wird, wer als Mensch zu respektieren ist. Sie tun es, weil Gott groß denkt von jedem Menschen.

Inge Cevela

Gegen die Trägheit des Herzens

Aspekte eines christlichen Menschenbildes in
Beispielen moderner Kinderliteratur

Die Aufgabe, die Kinder zu wahren Menschen zu er-
ziehen, ist die höchste und schwierigste Aufgabe.
Das Ziel der echten Erziehung soll heißen: Es gibt
keine Trägheit des Herzens mehr!" (Konferenz der
Tiere, S. 107 f)

Es ist der 5. und letzte Punkt im „ewigen Friedens-
vertrag", der nach der Konferenz der Tiere mit den
Worten von Erich Kästner formuliert wird. Eine
Utopie, die der große Moralist mit der Behauptung,
alle Staatshäupter hätten den Vertrag auch tatsächlich unterschrieben, ein wenig der Realität näher
bringen wollte.

In den Punkten zuvor versucht der Vertrag, das Leben auf der Erde einer neuen Ordnung zu unterwer-
fen: Es gibt keine Grenzen mehr. / Es gibt keine
Kriege mehr. / Es gibt keine Mordwissenschaften
mehr.

Das Regelwerk hält also Normen fest, die in völlig
neuer Weise das Zusammenleben zwischen Menschen und Tieren und der Menschen untereinander
ordnen sollen.

Normen zeigen an, was objektiv richtig ist. Sie sind ein Zeichen dafür, dass das Gute nicht nur im Empfinden Einzelner existiert, sondern ein unbedingter Anspruch ist, der quasi von außen an uns herantritt. (Walser, S. 52)

Und: Normen haben immer auch eine entlastende Funktion, weil sie schon vorwegnehmen, wie bestimmte Güter- und Wertekonflikte am besten zu lösen sind. Sie institutionalisieren ein bestimmtes Verhalten, das einer Situation angemessen ist.

Aber jeder/jede von uns kennt den Moment, wenn die *ent*lastende Funktion sich in eine *be*lastende wandelt – in mehr oder weniger kritischen Situationen. Wenn man plötzlich spürt, dass mit einer normativ an sich wahren Aussage etwas moralisch an sich Unvertretbares begründet wird – siehe dazu Beispiele aus Diktaturen wo auch immer in der Welt.

Schon Thomas von Aquin (und zuvor die griechische Philosophie mit Aristoteles) hat in Bezug auf Normen das Prinzip der Billigkeit bzw. der Angemessenheit gefordert – er traute dem Menschen die Fähigkeit zu, im Licht einer allgemeinen Norm eine konkrete Situation jeweils zu überprüfen, eigenständig zu beurteilen und die Norm angemessen anzuwenden, um der Situation gerecht zu werden. Die Instanz oder das innere „Organ", das dem Menschen dabei hilft, ist sein „Gewissen".

Und damit sind wir beim Thema: Ein waches Gewissen verträgt keine Trägheit des Herzens.

Es ist das Prinzip der Eigenverantwortung, das gemeinsam mit dem Begriff der Freiheit *eine* wesentliche Dimension des Person-Seins nach christlichem Verständnis bildet, das ich für unser Thema herausheben und an Hand von Beispielen aus dem Bilder- und dem Kinderbuch mitverfolgen möchte: Wie spitzen sich Gewissenskonflikte zu, wie wird Eigenverantwortung in Freiheit wahrgenommen, und: Welche Rolle spielt schuldhaftes Verhalten?

Entlang genau dieser Grenzlinie, entlang dieser Demarkation, an der die gesellschaftliche, objektive Norm vom persönlichen, subjektiven Gewissen abgelöst wird, werden Entscheidungen zu Wendepunkten, entstehen kritische Momentaufnahmen, lässt sich persönliche Reifung der ProtagonistInnen ablesen.

1. Ist alles vorherbestimmt?

Normen sind ethische Grundsätze – sie können aber auch zu simplifizierenden Erklärungsmustern verkommen, die hinter einem vorgeschobenen „Das ist halt eben so" ein üppiges Versteck für faule Ausreden bietet.

So empfindet es jedenfalls Philipp, der seinen Vater gern mag – außer er hat wieder einmal zu tief ins Bierglas geschaut.

Claudine Desmarteau – sie ist für Bild und Text des Bilderbuchs „Alles steht oben geschrieben" verantwortlich – hat ihren ganz besonderen Spaß an Übertreibungen und Erwachsenen bleibt im Allgemeinen wenig Grund, sich auf ihre Autorität und ihre normative Kraft etwas einzubilden – das hat schon ihr erstes Bilderbuch bewiesen: „Als Mama noch ein braves Mädchen war". In diesem Buch geht Philipp mit kindlicher Konsequenz allerwelts-philosophischen Behauptungen bis auf den bitteren Grund. Denn wenn über jemandes Schicksal alles bereits „oben geschrieben steht", also quasi alles vorbestimmt ist und sogar das Biertrinken des Vaters im Stammbaum begründet liegt, dann ist man selbst für nichts verantwortlich. Und jede noch so kompliziert aufgestellte Gleichung mit dem Schicksal führt doch nur wieder auf eine – mathematisch gesehen – alkoholische Einheit zurück. Mit wenigen Strichen karikiert Desmarteau Figuren, die keinem Model-Katalog der Schönen entstammen; satt angelegte Farben decken nie verlässlich ihren Hintergrund; von Idylle keine Rede. Einen Tag lang versucht Philipp nach der Devise „alles vorbestimmt" zu leben. Und handelt sich mehrere Ohrfeigen ein (wohl weil Erwachsene nicht so gern beim Wort genommen werden).

Lässt das Schicksal mit sich handeln? Lohnt es überhaupt, sich im „Hüpfspiel des Lebens" abzumühen, oder ist dessen Ausgang ohnehin vorbestimmt? Es hat den sehr unappetitlichen Anschein für Philipp, dass in jedem Spielfeld ohnehin nur ein recht deftiger „Haufen Hundescheiße" wartet. Und so fasst er den Entschluss, sein Schicksal lieber gleich selbst in die Hand zu nehmen – und letztlich *kein* Biertrinker werden zu wollen.

In der Motivation zu diesem Schritt signalisiert er Kompromissbereitschaft hinsichtlich der Erklärungsmuster:

„Egal, ob ICH entscheide, was oben geschrieben steht, oder ob OBEN geschrieben steht, dass ICH es bin, der entscheidet."

Von einem nächsten logischen Entwicklungsschritt in seinem Erkenntnisprozess ist Philipp allerdings noch meilenweit entfernt – vom vertrauensvollen Satz, dass sein Leben geborgen ist in Gottes Hand. Die Dimension der Transzendenz fehlt gänzlich. Der erste und dramatische Schritt zur Umkehr ist aber doch vollzogen.

2. Gewissen – von Anfang an?

Der Mensch hat seine Schattenseiten – aber er hat keine Legitimität, sich selbst damit zu entschuldigen, dass er nicht anders könne, weil die Vorherbestimmung seinen Handlungsspielraum einschränke. Gemeint ist damit das Erkennen von Schuld und die Verstricktheit des Menschen darin – von Anfang an.

Zu den weltweit stärksten Gemeinsamkeiten von Völkern und Kulturen gehört das Erzählen von sinnstiftenden Mythen – insbesondere solchen, die erzählen, wie alles angefangen hat. Mit Bart Moeyaert und Wolf Erlbruch haben zwei der herausragendsten kreativ Schaffenden in der Kinder- und Jugendliteratur der Gegenwart sich für das Bilderbuch „Am Anfang" erstmals zusammengetan, um die biblische Schöpfungsgeschichte in Wort und Bild zu variieren.

In einem außerordentlichen „Wagnis" integrieren die beiden Künstler Aspekte aus dem 2. Genesis-Text, der den Sündenfall und die Vertreibung aus dem Garten Eden enthält, in den 1. Genesis-Text: Während der sieben Tage der Schöpfung zeigt sich bereits an Gottes Seite der Mensch / der Erzähler – und er zeigt sich keineswegs von seiner besten Seite.

Moeyaert arbeitet mit höchster sprachlicher Präzision. Er sieht als Autor seine erste Pflicht in einem innovativen Erzählanlass und nutzt die „Story" für ein philosophisches Potpourri über den Menschen und für einen Spiegel für das – von Anfang an – schwierige Verhältnis zwischen Gott und seinen Menschen. Denn der Mensch – in der Funktion des Erzählers – ist von Anfang an dabei. Er weiß vom Nichts und von der ersten Absicht bezüglich eines Etwas. Er bewundert die Allmacht und Genialität Gottes und ist doch gleichzeitig beckmesserisch. Voller Neugier für das Neue steckt in ihm doch auch so viel Wut und Anklage. Manchmal ist er ehrlich verwirrt, weil „eine gut gemeinte Frage plötzlich eine Kurve macht und giftig wird." (S. 24) Geplagt von Neid und Eifersucht ist dieser Mensch. Und von der Angst, im Angesicht der Größe der Schöpfung bedeutungslos zu werden.

Und da – so viel noch zum Verlauf der Geschichte – Gott weiß, dass der Mensch geschaffen ist als Mann und als Frau und Erlbruch noch eine Anleihe von Botticellis Venus ins Bild bringt, erschafft ER am siebten Tag die Ruhe, auf dass das Erzählen beginnen kann.

Für unseren Zusammenhang halten wir jedoch fest: Selbstverantwortung, Gewissens-Entscheidung, individuelle Urteilsbildung sind für den nachparadiesischen Menschen bedeutsame Begriffe geworden, muss er doch gut und schlecht, richtig und falsch zu unterscheiden lernen; es sind Begriffe, auf die der Mensch in seiner Subjektivität zurückgeworfen ist, mit denen er manchmal auch überfordert wird: Was kann *ich* persönlich verantworten, wenn ich so oder so handle ... Folgerichtig lautet auch eine Forderung des französischen Philosophen Emmanuel Lévinas, vor jeder Handlung einen Moment innezuhalten und achtsam zu werden. (Walser, S. 51)

Das moralische Urteil ist – nach Jean Piaget – vorerst durch Heteronomie (Fremdbestimmung) geprägt: Andere sagen, was gut und richtig ist. In unserer Risikogesellschaft wird jedoch auch schon von Kindern zunehmend Autonomie und Selbstbestimmung erwartet, die eigentlich erst in einer zweiten späteren Entwicklungsphase langsam wachsen sollten. Daher muss eine erzieherische Hinführung insbesondere den persönlichen Mut und das damit verbundene Selbstwertgefühl unterstützen.

Ein Bilderbuch, wie „Sein erster Fisch" von Hermann Schulz mit Bildern von Wiebke Oeser, kann hier Bewusstsein schaffen:

Dann und wann im Leben müssen Entscheidungen getroffen werden, die entgegen der eigenen Erwartung auftreten und vor allem gegen fremde Erwartungen bestehen müssen. Das erfordert Mut. Wer sich da selbst treu bleiben will, darf in seinem Herzen keine Trägheit tragen, besonders, wenn der Anlass – vorerst ganz banal – unerwartet eine schwere Verantwortung mit sich bringt: Raul wollte eigentlich nur zum ersten Mal zum Angeln gehen. Mit seinem Großvater, der – übrigens im Gegensatz zu den meisten „Bilderbuch-Opas" – rötlich-blondes Stoppelhaar hat, Baguettes einkauft und mit Hanteln trainiert. Der Henry heißt und schon voraus ans Meer reist, weil er in Ruhe „über seine Angelegenheiten" nachdenken muss, und sich ganz nebenbei aber auch „auf den Besuch seiner Familie" freut. Nach entsprechenden Vorbereitungen mit Raul wird der passende Platz fürs Angeln entdeckt – auf dem Steg vor einem Restaurant. Was folgt, ist angebliche Faszination des Fischens – geduldiges Warten. Dann: Ein großer schöner und schillernder Fisch beißt an, unter der ruhigen Anleitung seines Großvaters holt Raul die Leine ein und den Fisch aus dem Wasser – ein großer Fang! Da wendet sich das Glück: Was eben noch als Erfolg erschien, erfährt plötzlich massive Kritik von BesucherInnen eines Fischrestaurants auf der Strandseite: Er sei ein Tierquäler, lässt der Autor mit einem kräftigen Seitenhieb gegen die Verlogenheit selbsternannter Moralapostel die fischverzehrenden Gäste lautstark behaupten. Doch der Großvater, dem das Nachdenken eine vertraute Tätigkeit ist, fordert – ganz unaufgeregt – Raul dazu auf, seinem eigenen Gewissen zu folgen:

Henry hielt ihm das Messer hin. „Wenn du ihn töten willst, dann tu es sofort", sagte er, „du hast ihn gefangen, und du trägst die Verantwortung für den Fisch. Hör nicht auf das, was die Leute rufen." (S. 23)

Es fällt Raul nicht leicht, das zu tun. Er steht unter Stress. Sein Großvater sagt ihm nicht: „Sei ein Mann!" Kein Stereotyp soll Raul seine Entscheidung abnehmen, vielmehr soll er – aktiv, rasch – selbst entscheiden. In sich selber spüren, was richtig ist. Später vielleicht spüren, ob es auch gut war.

Mitten in diesem Spannungsfeld zwischen eigener Überzeugung und Mitläufertum hat Raul eine reife Persönlichkeit bewiesen. Seine Entscheidung über Leben oder Tod ist schwer gefallen, er ist betroffen und erst nach und nach auch stolz. Die Geschichte endet mit einem Bild vom gemeinsamen Abendmahl der Familie: Es gibt gegrillten Fisch.

Wir haben fast einen Idealfall vor uns: Eine vertraute und reife erwachsene Person hat diesen Prozess einer Entscheidung begleitet, ihn ermöglicht und zugelassen und wie auch immer die Entscheidung gefallen wäre, hätte der Großvater Raul den Rücken gestärkt.

Jeder Mensch ist ganz persönlich immer wieder aufgerufen, in einer einmaligen Situation Entscheidungen zu treffen. Martin Buber bezeichnete diesen Vorgang als „personale Erkenntnis". Und an diesem Punkt kommt insbesondere die Beziehungs- und letztlich Liebesfähigkeit zum DU ins Spiel: Die mitmenschliche Begegnung als Grundansatz der Moral – die Normen werden gemessen an der Liebe zu einem konkreten Menschen; sie fragt, ob diese Normen dem anderen als Person gut tun und weiterhelfen. Personales Denken heißt: eine Beziehung zum anderen eingehen, in Kommunikation mit ihm treten, ihn mit seiner Geschichte akzeptieren. (Walser, S. 71f)

3. Beziehungsgeschichten: Vom Ich zum Du

In der – übrigens soeben mit dem Österreichischen
Kinderliteraturpreis ausgezeichneten – Erzählung
von Vincent Cuvellier „Die Busfahrerin" geht es um
genau eine solche mitmenschliche Begegnung als
Grundansatz der Moral. Um eine Begegnung, die
von Anfang an allerdings noch weniger als einfach
nur schlecht ist:

„Sie stinkt, sie ist eklig und sie hat eine große Nase."
(S. 5) Schräge, comicartig überhöhte, wohl auch ein
wenig gewöhnungsbedürftige Schwarz-Weiß-Illus-
trationen von Candice Hayat begleiten den Text,
durchkreuzen ihn manchmal und nehmen ihn dann
wieder ganz beim Wort. Der knapp gehaltene Text
spricht mit diesen Eingangssätzen seinem Ich-
Erzähler ganz aus dem Herzen – und lässt ihn fort-
fahren:

„Ich sehe sie jeden Tag, und jeden Tag habe ich
Lust, ihr zu sagen: „Du stinkst, du bist eklig, und du
hast eine große Nase." Doch jeden Tag sage ich:
„Guten Tag, Madame", und zeige ihr den Fahraus-
weis mit meinem Foto. (S. 5)

Sie selbst wiederum zeigt auch nicht gerade mütter-
liche Gefühle: „Ich hasse es, mich mit Kindern her-
umzuschlagen." (S. 33) Doch es verändert sich etwas
im Laufe dieses Tages, den die beiden durch einen
seltsamen Zufall unfreiwillig miteinander verbringen
müssen. Von der Busfahrerin erfährt man einen Namen, Yvette; aus der ablehnenden Fremdheit wird
vorsichtige Zuneigung, aus ruppiger Distanz unsen-
timentale Nähe. Von Station zu Station – vom Be-

such beim alten Mann, um den sich Yvette mit unmittelbarer Selbstverständlichkeit kümmert, über das Wellenzählen und die Bootsfahrt auf dem Meer bis hin zum Abschlussdrink im Café – wird es langsam möglich, Gefühle zu zeigen. Das Innen hinter dem Außen. Nach und nach legt der Text die Figur der Busfahrerin frei: Es ist ihre Geschichte, die aus der Perspektive des Jungen in Streiflichtern und Andeutungen erzählt wird, von ihm selbst erfährt der Leser praktisch nichts.

Die distanziert wirkende, karge Sprache und das reduzierte Figurenrepertoire ermöglichen es dem Buch, auf wenig Platz viel zu erzählen, am liebsten zwischen den Zeilen – und so Raum für unterschiedliche Lesarten zu geben.

Zwei sehr verschiedene Menschen, die das nicht gewohnt sind, zeigen mit großer Vorsicht ihre eigentlichen Gesichter – und ein klein wenig Nähe. Besonders eindrucksvoll umgesetzt in Hayats Porträtbild der Busfahrerin, aus deren Auge Tränen kullern. In zeichenhafter Übertreibung ruht auf einer der Tränen der Junge mit dem Gestus einer ungemein zärtlichen Umarmung – empathische Nähe und allergrößte Zerbrechlichkeit haben diesen gemeinsamen Tag gekennzeichnet. Aus offener Ablehnung und Feindseligkeit ist in der mitmenschlichen Begegnung so etwas wie distanzierte Freundschaft entstanden: Die beiden haben einander mit ihren Geschichten akzeptiert und damit ihre ganz persönliche Würde gewonnen.

Und gleich noch eine Erzählung, wo es die Begegnung zwischen zwei Menschen, zwei Kindern, möglich macht, dass die beiden sich aus ihrer jeweils traumatischen Erstarrung wieder lösen können:

Kate DiCamillo: Kentucky Star.

Rob, dessen Mutter sechs Monate zuvor an Krebs gestorben ist, und der mit seinem Vater nach Florida übersiedelt ist, hat gelernt, seine Gefühle wie in einem übervollen Koffer eingesperrt zu halten. Er lebt mit seinem Vater an dessen Arbeitsplatz, einem heruntergekommenen Motel, das trotz seines blinkenden Neon-Reklame-Schweifsterns längst kein Ort für Hoffnung mehr ist.

Weil Rob sich selbst quält, hat er auch gelernt, die Schläge und die Hänseleien seiner Mitschüler stoisch zu erdulden: „Er war der beste Nichtweiner der Welt," ... erzählt die Autorin über ihn und bleibt ganz seiner Perspektive verhaftet.

Da taucht – ganz plötzlich und unverhofft – das Mädchen Sixtine in seinem Leben und seiner Schulklasse auf. Sixtine, die ihren Namen nach der Sixtinischen Kapelle erhalten hat, weil ihre Eltern sich dort zum ersten Mal begegnet sind. Jetzt aber haben ihre Eltern sich getrennt. Enttäuschung und Einsamkeit verschmelzen in ihr zu einem gewaltigen Knäuel aus Wut. – Auch sie ist Außenseiterin, aber sie begegnet den Anfeindungen der anderen mit Aggressivität: sie schlägt zurück, wenn nicht gar zuerst.

Indem die beiden einander kennen lernen und Gespür für die Not des anderen haben, lösen sich erste Verkrampfungen. Und Rob teilt mit Sixtine sein geheimes Wissen über die Existenz eines Tigers, der vom Motel-Direktor in einem Käfig unter unwürdigen Bedingungen gefangen gehalten wird. Er wird ihr gemeinsamer Schutzbefohlener. Sie übernehmen Verantwortung für ihn und wagen beide, ein klein wenig ihre verdrängten Gefühle, mit denen sie so gegensätzlich umgehen, an die Oberfläche zu lassen.

Aber sie geraten in Streit miteinander über die Begriffe Pflicht und Freiheit, über richtig und falsch. Denn Rob ist überzeugt: „Es ist nicht unser Tiger. Wir haben nicht das Recht, ihn frei zu lassen." Während Sixtine entgegnet: „Wir haben die Pflicht ihn zu retten." (S. 62)

Und die schwarze lebenserfahrene Putzfrau Willie May, die von den Kindern gerne als die „Prophetin" bezeichnet wird und mit der Kate DiCamillo der Kinderliteratur einen großartigen Charakter geschenkt hat, erweitert mit ihrer Bemerkung den Gewissenskonflikt um die Erkenntnis von Ohnmacht: „Hier geht es nicht um richtig oder falsch", [...]. Manchmal zählt das Richtige nicht." (S. 113)

Denn es wird Zeit, der Wahrheit näher zu kommen: Rob spürt allem nach, nimmt sich selbst und seine Umgebung wahr – seine vom Juckreiz malträtierten Beine und seine Trauer ebenso wie Sixtines Zorn und das Eingesperrtsein des Tigers – und plötzlich weiß er ganz klar, was er tun muss und auch tun will. Gemeinsam mit Sixtine öffnet Rob die Käfigtüren. Die Befreiung des Tigers bedeutet allerdings nur ein kurzes Aufflackern von Freiheit und hat seine rasche Tötung zur Folge. Und ausgerechnet Robs Vater hat den tödlichen Schuss ausgelöst. Ohne es konkret beabsichtigt zu haben, hat Robs Entscheidung, das Verbot zu übertreten und den Käfig zu öffnen – hat seine völlige Gewissheit, das Richtige zu tun –, die Konfrontation zwischen seinem Vater und ihm zur heilsamen Eskalation geführt. Gestärkt durch die vertrauensvolle Beziehung zu Sixtine wagt er es, seinen Teil der Verantwortung zu übernehmen und den verzweifelt zugehaltenen Gefühlskoffer zu öffnen. Mit der Erinnerung an seine Mutter kommen viele Tränen – die Trauer verlangt ihr Recht – aber mit dem Vater gemeinsam wird sie erträglich sein und wird die Mutter in der Erinnerung Teil ihres Lebens bleiben.

4. Schuld und Vergebung – Handeln im Netzwerk

Die jüdische Philosophin Hannah Arendt hat über das Handeln gesagt:
„Wenn wir handeln, dann handeln wir in ein Netzwerk hinein: Jede Handlung ist ein neuer Faden, der das Muster verändert." (Walser, S. 40f)

Wie könnte man den Erzählanlass der drei folgenden Bücher besser zusammenfassen und dabei auf den Punkt bringen.

Bei Louis Sachars Erzählung „Der Fluch des David Ballinger" geht es um eine Mutprobe, einen Fluch und darum, diesen Fluch auch wieder loszuwerden. David Ballinger unterzieht sich – um Eindruck bei seiner Clique zu machen – einer sogenannten Mutprobe, die hochstilisiert über Aufnahme und Verbleib in der Clique entscheidet. Sie besteht darin, eine alte Frau, als Hexe verrufen und ziemlich verschroben, zu überfallen und ihr einen seltsam verzierten Gehstock zu klauen.

David weiß mit Sicherheit, dass er etwas Falsches und Gemeines tun wird, sieht aber keinen Weg, sich dem Einfluss der „Freunde" zu entziehen.

Der Überfall läuft nicht ganz glatt ab, läppische Missgeschicke passieren – ein Krug mit Limonade wird verschüttet, Scheiben gehen zu Bruch, hinterrücks kippt die alte Frau aus ihrem Lehnstuhl und gibt dabei in unfreiwilliger Komik den Blick auf ihren langen Unterhosen frei. Tief prägt sich der Ablauf der Ereignisse in Davids ohnehin schlechtes Gewissen. Die von der alten Frau ausgestoßene Drohung empfindet er als Fluch auf sich lasten.

Louis Sachar entwirft hier eine Figurenkonstellation, in der nicht die ersehnten Cliquenfreunde sondern die von David gemiedenen Außenseiter der Schule zu ihm stehen. Je mehr David sich bemüht, mit deren Tipps und der Hilfe geheimer und zauberischer Mittel den Fluch loszuwerden, umso hartnäckiger manifestiert sich eben dieser: In Form von Alltagskatastrophen, in denen sich präzise die kleinen Missgeschicke des Überfalls widerspiegeln. Oder? Ein einziger Weg scheint ihm noch offen, um seine Verstrickung in immer noch größere Peinlichkeiten zu unterbinden: Das klare Zeichen seiner Umkehr – das Geständnis gegenüber dem Opfer, die Bitte um Vergebung und die Wiedergutmachung. Eingebettet in eine sich entwickelnde Liebesgeschichte und allerlei Slapstick-Komik erzählt Sachar von dem zur Freiheit berufenen Menschen, der zwischen gut und böse wählt, der letztlich Verantwortung übernehmen und Rechenschaft geben kann.

Ein anderer Held trägt mit „Brando" nicht nur einen sehr großen und berühmten Vornamen sondern auch sehr große Fußballschuhe: Größe 44 und beste Qualität, wahrscheinlich die teuersten Fußballschuhe dieser Gegend – aber absolut sinnlos an den staksigen Beinen des 12jährigen Brando, der damit bloß über sich selber stolpert. Mikael Engström hat in seinem Debutroman einen neuen, ungemein berührenden Erzählton angeschlagen und mit der Figur des Brando wohl einen der bleibenden Helden der Kinderliteratur geschaffen. Gleich auf den ersten Seiten lässt er diesen wahrscheinlich unfähigsten aller Fußballspieler einen Elfmeter gegen den „King", den 14jährigen Perra verwandeln, ein Tor, das nie hätte geschossen werden dürfen – so die starr unaufhebbare Regel, die von den älteren Jungs vom Tottvägen aufgestellt ist, andernfalls gibt es eine „höllische Abreibung":

„Wir wollen nicht gewinnen", sagte Larsa. „Wir wollen überleben. Die Sommerferien fangen doch gerade erst heute an!" (S. 7)

Aber Brando weiß, dass er es kann. Und er weiß, dass er es in diesem Moment will. Dass er die ungerechte Regel nicht akzeptieren wird – allen Warnungen zum Trotz. Und so beginnt mit dem Tor und Perras an der Torstange plattgedrückter Nase ein Bandenkrieg, den Brando und seine Freunde nicht mehr los werden: Nicht durch Kämpfen, nicht durch Verkaufen, nicht durch Davonlaufen… Es ist ein seltsamer Sommer, voller Rätsel und Widersprüche, in denen die beginnende Pubertät den Buben unverständliche Sehnsüchte einimpft. Voller Rätsel und Widersprüche aber auch, wenn Brando über die Disparatheiten in seiner Lieblingslektüre „Die Welt der Wissenschaft" nachdenkt: Die Erfindung des Wechselstroms, mit der Strom transportiert aber – wie beim elektrischen Stuhl – auch zur tödlichen Gefahr werden kann; über Wurmlöcher und die Ewigkeit; über das perfekte schöne Wetter über Hiroshima zum Zeitpunkt des Abwurfs der Atombombe; aber auch die Fragen des Alltags: Wann hört eine Katze, die tot ist, auf eine Katze zu sein? Oder das alles beherrschende Rätsel dieses Sommers, das an die Wand der Busstation gekritzelt ist: „Wie viele Pflaumen gehen in den Korb? Antwort: Der Bus ist langsam." (S. 63) Gibt es Antworten, die richtig sind, weil die Frage falsch ist?

Und warum kann der Film „Das Zeichen des Zorro" noch so oft gespielt werden ohne sich zu verändern, wenn doch auch die dümmsten Banditen irgendwann die immer gleiche Falle, die Zorro ihnen stellt, durchschauen müssten:

„Es würde viel mehr Spaß machen, wenn ein Film jedes Mal anders aufhört. Also, er fängt jedes Mal gleich an, aber dann hängt es ganz von der Laune des Projektors ab, wie er aufhört." (S. 128)

Und wieder liegt es in der nur dem Menschen besonderen Freiheit zu handeln – hier allerdings ist es die Summe der Taten, in der sich – spannungsvoll aufgebaut – jener bestimmte Handlungsfaden finden lässt und schlussendlich an die Oberfläche kommt, der das Muster grundlegend und gegen jede verbliebene Hoffnung verändert: Als Brando und Larsa einen verunglückten Fahrer aus seinem brennenden LKW retten, wissen sie nicht, dass es der Vater von

Perra ist, dem sie das Leben gerettet haben. Auf dessen Anordnung hin ist damit der Krieg beendet.

„Und dabei hab ich immer geglaubt, ich, Larsa und Ola wären diejenigen, die gerettet werden müssten. Eigentlich haben wir uns selbst gerettet" (S. 246),

... indem Brando und seine Freunde das Richtige im richtigen Moment getan haben.

Haben die beiden eben erwähnten Geschichten mit persönlicher Schuld im durchaus kindlichen Rahmen zu tun, so rücken die Erzählungen Guus Kuijers über das Mädchen Polleke den größeren Zusammenhang gesellschaftlicher Veränderungsprozesse des Zusammenlebens in den Mittelpunkt.

Mittlerweile in mehreren schmalen Bänden liegen die Lebensansichten und Lebenserfahrungen des erst zehn, dann elf und zwölf Jahre alten niederländischen Mädchens vor. Ausnahmslos sind die Erwachsenen dieser Erzählungen nicht mehr die sich durch Vernunft und Überblick und Verantwortung auszeichnenden „Felsen in der Brandung"; vielmehr sind sie Menschen, die mit dem Auf und Ab in ihren Leben nicht gerade immer souverän umgehen und die auf der Suche nach dem Sinn des Lebens mit Scheidung, Arbeitslosigkeit, Alkoholismus, Obdachlosigkeit konfrontiert sein können, wie zum Beispiel Pollekes Vater. Bemerkenswert ist dabei, dass bei all diesen Menschen Zuneigung und aufrechtes Bemühen stets vorhanden sind. Aber mehr als je zuvor in Kinderbüchern gehört das Scheitern – auch und gerade von Erwachsenen – zu den fixen Größen im Leben von Kindern.

Außerdem lebt Polleke in einer durch und durch multikulturell und pluralistisch gezeichneten Gesellschaft, in der folglich auch kulturelle Grundwerte nicht mit Sicherheit für alle die selbe Gültigkeit haben. Und in einer Gesellschaft, wo zwischen Stadt und Land ebenso wie zwischen den Generationen die Unterschiede in den Normen und in den Wertigkeiten zu Tage treten: Während beispielsweise für die Großeltern auf dem Land Gott eine fixe Größe in ihrem Leben ist, will Pollekes Mutter nichts „davon" hören.

Polleke selbst versteht es in besonderem Maß, aus ihren so unterschiedlichen Lebensräumen und Beziehungen ein Puzzlebild ihrer eigenen Identität zusammenzusetzen, eigene Wichtigkeiten für sich zu klären und konkrete Verantwortung zu übernehmen. Manchmal erschreckend viel für ein so junges Mädchen. Dabei ist die Ich-Erzählerin, die gerne Dichterin werden möchte, kein Star, kein Wunderkind. Wohl aber eine sensible, wache und agierende Person, die als Identifikationsangebot für LeserInnen am Übergang zur Pubertät zweifellos Gesprächsstoff liefern kann.

Aber auch wird im dritten Band (Das Glück kommt wie ein Donnerschlag) auf eine andere, viel größere Dimension in der Perspektive von Schuld gewechselt: Polleke wird selbst (beinahe) zum Opfer. Entgegen ihrem eigenen besseren Wissen und entgegen der ach so oft eingeprägten Regel, niemals in das Auto eines Fremden einzusteigen, tut sie es dennoch. Sie selbst ist irgendwie durcheinander, nicht ganz bei sich, als plötzlich ein Autofahrer sie drängt, einzusteigen und mit ihm zum Krankenhaus zu fahren, dort sei ihr Vater nach einem Unfall hingebracht worden.

„Ich sah den Mann von der Seite an und wusste, dass ich nicht hätte einsteigen dürfen. Es war, als würde ich erfrieren. Ich zitterte, aber ich konnte mich nicht bewegen. Mein Mund war fest verschlossen." (S. 39)

Momentan unaufmerksam unterlässt Polleke ihr bewährtes Misstrauen gegenüber Erwachsenen, kann sich trotz der offenkundigen Lügen des Mannes nicht gegen die Dringlichkeit seiner Behauptung wehren und macht einen Fehler; sie wird festgehalten und im selben Moment sind ihr seine gewalttätigen Absichten klar. Nur mit Mühe kann sie ihm entwischen – obwohl „nichts passiert ist", beginnt ein mühsamer Prozess der Bewältigung. Hin- und hergerissen zwischen ihrer eigenen „Schuld", der Scham über die eigene Dummheit, dem berechtigten Zorn über die abgrundtiefe Gemeinheit des Mannes und der Angst vor dem Verbrechen, das hätte passieren können, hat sie ein Gefühl, als wäre sie ohne Boden und im Irgendwo. Etwas ist für immer zerbrochen:

„Etwas ist weg, was / ich früher besaß / etwas Kleines, etwas Zartes / ein liebes, fröhliches Lied. / Dort, wo es war / ist jetzt ein Fleck / und in der Mitte steckt / ein Kummer, unerwartet." (S. 68)

5. Schuld und Vergebung: Was ist das Böse?

Manche Geschichten – auch wenn sie die einfache Form des Bilderbuches gewählt haben – legen sich gegenüber der oft vom Bilderbuch geforderten Geradlinigkeit quer. Im Bilderbuch „Fuchs" (erzählt von Margaret Wild, illustriert von Ron Brooks) zeigt sich das sogar in der teilweise quer zur Leserichtung, quer zu den Bildern gesetzten Schrift. Kaum etwas in dieser Geschichte geschieht erwartungs- oder erfahrungsgemäß, obwohl auf Erfahrungen angespielt wird – zum Beispiel bei den handelnden Figuren: Fabeltiere wie Hund und Elster treten auf. Und der titelgebende Fuchs. Ort der Handlung: Australien, unmittelbar nach einer der jährlich wiederkehrenden Buschbrandkatastrophen. Die Feuersbrunst hat Elster zwar überlebt, ein Flügel ist allerdings verbrannt. Der einäugige Hund findet sie. Eine Zweckgemeinschaft – er trägt sie auf seinem Rücken, sie behält von der erhöhten Position aus die Übersicht – ermöglicht beiden das Weiterleben, aus Gewohnheit wird Wertschätzung und Vertrautheit. Doch da taucht Fuchs auf, Fuchs, dessen Fell im gefährlichen Rot des Feuers glüht. Wie ein Keil fährt sein Bildnis und der erzählende Schriftblock zwischen die Freunde. Während Hund sich über den Besucher freut, spürt Elster die lauernde Gefahr, die vom innewohnenden, nur mit Mühe unterdrückten Zorn und Neid und von der Einsamkeit des Fuchses ausgeht. Fuchs flüstert Elster die Sehnsucht nach dem „richtigen" Fliegen ins Ohr, verspricht ihr, sie wie der Wind durch den Wald zu tragen. Und plötzlich schmeckt für Elster der in Brauntönen gehaltene Alltag mit Hund schal, sie willigt in das Abenteuer Freiheit ein. Doch Fuchs interessiert die Verpflichtung der Freundschaft nicht, er will nur das Vorhandene zerstören. Weit hinaus in die heiße rotglühende Wüste trägt er den lahmen Vogel, um ihn demselben Entsetzen und derselben Einsamkeit auszusetzen, die ihn verbrennt. Elster begreift. Und zum ersten Mal weiß sie, was sie wirklich will: Nach Hause.

Eine herbe Geschichte, erzählt mit handgeschriebenen, kratzig wirkenden Buchstaben auf krummen Zeilen, in den gedämpften und gleichzeitig ungemein intensiven Farben des australischen Busches. Auch eine sehr moralische Geschichte – doch ganz ohne erhobenen Zeigefinger und durchaus mehrdeutig angelegt. Wer ist „schuld"? Ist es der „Versucher"? Oder die unter ihrer Unvollkommenheit leidende Elster? Die für den besonderen Kick, für die Droge des Fliegens, für den Genuss des Augenblicks bereit ist, alles zu opfern? Oder gar der Hund, der sich allzu treuherzig über die Befürchtungen der Elster hinwegsetzt?

Beeindruckend – und berührend – ist dann aber auch die absolute Gewissheit von Elster, wieder nach Hause gehen zu können: Die Beziehung zu Hund trägt, ihr Verrat an seiner Treue kann überwunden werden.

Kinderbücher waren über lange Zeit vor allem als Erziehungshilfe anerkannt und insofern waren sie selbstverständliche Verstärker gesellschaftlicher Regeln und Normen. Das Gewissen hatte lediglich das Übertreten von Alltagsregeln und Alltagsgeboten zu registrieren. Zahllose Geschichten führten vor Augen, was passiert, wenn der verlässliche gemeinschaftliche Normenkreis überschritten wird: Unglück und Niedergang, Sanktionen und reumütige Heimkehr waren die Handlungsstufen solcher Erziehungsschriften. Alltagsnormen, hinter denen sich leicht eine Trägheit des Herzens verbergen konnte.

Moderne Kinderliteratur gehört – wie alle genannten Beispiele – zur „Literatur des Daseinsernstes" (Hans-Heino Ewers) und ist Spiegelbild der „Risikogesellschaft", die in ihren Unsicherheitsfaktoren ganz wesentlich das Leben der Kinder beeinflusst. Im Gegensatz zu älteren Beispielen führt diese Literatur die herausragende Bedeutung von „kindlicher Autonomie" vor Augen. Gerade im Durchbrechen von Normen und in der gelungenen Selbstverantwortung zeigt sich in diesen Beispielen persönliche Reifung als Kulminationspunkt.

Keines dieser Bücher ist als religiös im engeren Sinn zu bezeichnen. Aber gerade in der Frage nach einem christlichen Menschenbild, das sich in der Qualität seiner Gewissensentscheidungen erweist, enthält jedes dieser Bücher Dimensionen und Aspekte, die das Person-Sein im christlichen Sinn bestätigen. Entlang solcher Erzählstränge und solchen Figureninventars ergeben sich interpretierbare Überschneidungen.

Fußnote / Fachliteraturverweis:
Angelika Walser: Grundlagen christlicher Lebensge-
staltung. Hg. von Institut Fernkurs für theologische
Bildung und Wiener theologische Kurse als Teil XI:
Wie gestalte ich als Christ/in mein Leben? Voraus-
setzungen und Grundlagen. Skriptum, Wien, o. J.

Literatur

Die Seitenangaben nach den Zitaten beziehen sich
jeweils auf die im Folgenden genannten Ausgaben.

Cuvellier, Vincent: Die Busfahrerin, Ill. von Candice
Hayat. Aus dem Französischen von Sigrid Laube,
Jungbrunnen 2003

Desmarteau, Claudine: Alles steht oben geschrieben.
Aus dem Französischen von Thomas Minssen,
Bajazzo 2003

DiCamillo, Kate: Kentucky Star. Aus dem Amerikanischen von Sabine Ludwig, Dressler 2002

Engström, Mikael: Brando. Aus dem Schwedischen
von Birgitta Kicherer, Hanser 2003

Kästner, Erich: Die Konferenz der Tiere. Nach einer
Idee von Jella Lepman, Ill. von Walter Trier, Zürich:
Europa Verlag 1949 / Lizenzausgabe Dressler 1986

Kuijer, Guus: Das Glück kommt wie ein Donnerschlag, Ill. von Alice Hoogstad. Aus dem Niederländischen von Sylke Hachmeister, Oetinger 2003.
(Band 1: Wir alle für immer zusammen; 2001 / Band
2: Es gefällt mir auf der Welt; 2002)

Moeyaert, Bart / Erlbruch, Wolf: Am Anfang, Ill. von Wolf Erlbruch. Aus dem Niederländischen von Mirjam Pressler, Peter Hammer 2003

Sachar, Louis: Der Fluch des David Ballinger. Aus dem Amerikanischen von Birgitt Kollmann, Hanser 2002

Schulz, Hermann / Oeser, Wiebke: Sein erster Fisch, Ill. von Wiebke Oeser, Peter Hammer 2000

Wild, Margaret / Brooks, Ron: Fuchs, Ill. Von Ron Brooks. Aus dem australischen Englisch von Zoran Drvenkar, Carlsen 2003

Günter Lange

„Was ist das: Dieses Zu-sich-selber-Kommen des Menschen?"

Jugendliterarische Adoleszenzromane der Gegenwart

Meine sehr geehrten Damen und Herren,
erlauben Sie mir, bevor ich mit meinem Vortrag beginne, drei Vorbemerkungen[1]:

Gestern Abend hat uns Michael Schlagheck mit seinem Einführungsvortrag die „Konturen eines christlichen Menschenbildes" skizziert. Seine Thesen lauteten:
„Der Mensch fragt über sich hinaus.
Der Mensch ist zur Freiheit berufen.
Der Mensch lebt in Gemeinschaft.
Menschen leben mit dem Scheitern.
Menschen leben im ′Heute Gottes`".

Auf alle diese Thesen werde ich im Verlaufe meines Vortrags über die jugendliterarischen Adoleszenzromane der Gegenwart direkt oder indirekt zu sprechen kommen, allein die letzte These „Menschen leben im ′Heute Gottes`" wird keine Rolle spielen, weil sie in expliziter Form in den Büchern, die ich Ihnen vorstellen möchte, keine Rolle spielt. Das ist merkwürdig und zugleich symptomatisch. Vielleicht können wir am Ende meines Vortrags gemeinsam

---

[1] Die Form des Vortrags ist beibehalten.

überlegen, warum das der Fall ist. Ich habe keine plausible Erklärung dafür.

Meine zweite Vorbemerkung soll verhindern, dass Sie mit falschen Erwartungen an meinen Vortrag herangehen: Ich bin Literaturwissenschaftler und Literaturdidaktiker. Deswegen werden in meinem Vortrag die Aspekte im Vordergrund stehen, die aus diesen beiden Wissenschaften erwachsen. Ich hoffe trotzdem, dass Sie aus meinem Vortrag einiges an Anregungen gewinnen können.

Wenn ich Jugendbücher für meine Seminare an der Universität auswähle, hoffe ich immer, dass sie als Taschenbücher vorliegen, damit sie mit geringen Kosten erworben und gelesen werden können. Das war meine Überlegung auch für diesen Vortrag. Deswegen habe ich vor allem Jugendbücher ausgewählt, die um die Jahrtausendwende erstmals in Deutschland erschienen in der Hoffnung, dass sie inzwischen als Taschenbücher vorliegen. Meine Hoffnung hat mich getrogen – leider!

1 „Nachdenken über Christa T." als Modellfall

„Was ist das: Dieses Zu-sich-selber-Kommen des Menschen?" – dieses Zitat von Johannes R. Becher hat Christa Wolf als Motto für ihren wohl bedeutendsten Roman „Nachdenken über Christa T." gewählt, der 1969 erstmals erschienen ist. Diese Frage bildet das Zentrum ihres Romans, in dem die Ich-Erzählerin, eine Freundin von Christa T., den Versuch unternimmt, die allzu früh Verstorbene gedanklich zu vergegenwärtigen, und zwar mit Hilfe von Tagebüchern, von losen Manuskriptblättern, die man nach ihrem Tode gefunden hat, und ihren Briefen. Sie nennt diesen Vorgang „Nachdenken, ihr nach-denken" (Wolf 1991, S. 9); und sie tut das, um zu erfahren, wer Christa T. eigentlich war; sie benutzt dieses Nachdenken zugleich auch, um zu erfahren, wer sie selbst ist. Christa T. in ihren Tagebüchern und die Autorin im Einklang mit ihr und die Ich-Erzählerin, die beide möglicherweise identisch sind, bezeichnen dieses gedankliche Vergegenwärtigen als einen *„Versuch, man selbst zu sein"*.

Genau diese Frage nach dem „Zu-sich-selber-Kommen des Menschen" ist die zentrale Frage in der jugendlichen Adoleszenz; es ist die Frage nach der eigenen Identität, die Suche danach, wer man selbst ist und was man will. Alle anderen Entwicklungsaufgaben der Adoleszenzzeit, die die moderne Entwicklungspsychologie und Jugendsoziologie außerdem nennen, sind dieser zentralen Frage nach der Identität untergeordnet.

Den zweiten zentralen Aspekt des Romans von Christa Wolf bildet der Vorgang der Vergegenwärtigung, den sie in ihm verwendet, nämlich der Versuch, durch dieses „Nach-denken", durch das „Ihr-nach-Denken", eine ehemals geliebte Person in das eigene Bewusstsein zurückzuholen und mit Hilfe dieses Vergegenwärtigungsprozesses zu sich selber zu kommen und die eigene Identität zu finden.

Beide Aspekte, dieses „Zu-sich-selber-Kommen des Menschen" und das „Jemandem-nach-Denken", sind literarische Schlüsselphänomene, die als gedankliches Modell einer ganzen Reihe von jugendliterarischen Adoleszenzromanen der Gegenwart zugrunde liegen. Sie sollen im Folgenden einer genaueren Analyse unterzogen werden.

2 Der jugendliterarische Adoleszenzroman

2.1 Definition, Geschichte, Forschung

Bevor ich auf diese Texte näher eingehe, füge ich eine kurze Einführung in die Gattung „Adoleszenzroman" ein, um die notwendigen Grundlagen für meine spätere Untersuchung zu verdeutlichen.

Der jugendliterarische Adoleszenzroman hat Konjunktur, nicht nur in Deutschland, sondern international, vor allem in den USA und in den skandinavischen Ländern. Seit Anfang der 1990er Jahre hat er sich zu einer bedeutenden Gattung der Jugendliteratur entwickelt. Was ihn neben seiner Thematik besonders auszeichnet, ist seine z.T. bemerkenswerte literarische Qualität, die ihn in seinen gelungenen Beispielen gleichberechtigt neben die bekannten Adoleszenzromane der intentionalen Erwachsenenliteratur wie Jerome D. Salingers „Der Fänger im Roggen" oder Ulrich Plenzdorfs „Die neuen Leiden des jungen W." treten lässt.

„Adoleszenzroman" ist ein neuer Gattungsbegriff, der erst seit Ende der 1980er Jahre in der Forschung zur Kinder- und Jugendliteratur Verwendung findet und der sich erst in den 1990er Jahren durchgesetzt hat. Deswegen sucht man ihn in den gängigen Lexika der Literaturwissenschaft, dem „Wilpert" oder „Metzlers Literaturlexikon", vergeblich. Der Begriff „Adoleszenzroman" ist in Anlehnung an die amerikanische „adolescent novel" gebildet worden und findet seit den ersten Untersuchungen von Hans-Heino Ewers von 1989 und 1991 vor allem Anwendung auf Romane des 20. Jahrhunderts, die sich mit dem Problem des Erwachsenwerdens beschäftigen.

Eine Initialzündung für den Adoleszenzroman der Nachkriegszeit besaß „Der Fänger im Roggen" (1951 in den USA) von Jerome D. Salinger, der 1954 erstmals in Deutschland erschien und seit 1962 nur in einer durch ihre Verharmlosung verfälschenden Übersetzung von Heinrich Böll vorlag, die aber auf die Prüderie von Salingers britischem Verleger Hamish Hamilton zurückzuführen ist. Im Januar dieses Jahres ist nun bei Rowohlt eine neue Übersetzung herausgekommen, für die Eike Schönfeld verantwortlich zeichnet und die sich an der „ungeglätteten" Ausgabe von 1995, dem eigentlichen Original, orientiert. In Deutschland folgten u.a. „Katz und Maus" (1961) von Günter Grass und „Die neuen Leiden des jungen W." (1973) von Ulrich Plenzdorf, die neben Salingers Roman rasch zur Kanonliteratur an deutschen Gymnasien avancierten.

Aber diese Romane sind trotz ihrer adoleszenten Thematik keine Jugendliteratur, sondern intentionale Erwachsenenliteratur. Erst nach dem Paradigmenwechsel um 1970 gab es in Deutschland verstärkte Bemühungen, realistische Kinder- und Jugendliteratur zu schreiben, in der zunehmend auch die Probleme des Erwachsenwerdens thematisiert wurden.

Wie kann man die Gattung des „jugendliterarischen Adoleszenzromans" nun genauer definieren?

Die jugendliterarischen Gattungen der problemori-
entierten Jugendliteratur, der emanzipatorischen
Mädchenliteratur und der Jeansliteratur sind Vorläu-
fer und Wegbereiter des jugendliterarischen Adoleszenzromans der Gegenwart; man kann sie z. T. sogar
als dessen integrative Bestandteile sehen. Die Breite
und die Intensität der Behandlung von adoleszenten
Problemen in ihnen ist allerdings sehr viel einge-
schränkter als im jugendliterarischen Adoleszenzroman, ihre Personen- und Problemdarstellung deutlich
weniger differenziert und ihre literarische Qualität
weniger ausgeprägt.

Thematisch handelt der Adoleszenzroman von den
Problemen des Erwachsenwerdens; dabei ist er aber
nicht auf einige wenige Aspekte dieser Entwicklungsphase beschränkt wie die problemorientierte
Jugendliteratur, sondern hat den Anspruch, die
Schwierigkeiten der Adoleszenz möglichst umfas-
send darzustellen. Seine Protagonisten befinden sich
im Alter zwischen dem 12. und 25. Lebensjahr; sie
erscheinen in den Jugendromanen als unverwechsel-
bare Individuen, äußerst differenziert charakterisiert.
Beschrieben wird die existentielle Erschütterung, die
tiefgreifende Identitätskrise dieser Jugendlichen, die
auf der Suche nach ihrem eigenen Weg in der Gesellschaft und zu sich selbst sind.

Die moderne Entwicklungspsychologie hat ein Bündel von speziellen Entwicklungsaufgaben für das
Erwachsenwerden herausgearbeitet: u.a. die reiferen
Beziehungen zu Altersgenossen beiderlei Ge-
schlechts, die Aufnahme intimer Beziehungen, die
Übernahme der männlichen bzw. weiblichen Ge-
schlechterrollen, die Akzeptanz der eigenen körperli-

chen Entwicklung, die Ablösung vom Elternhaus, die Vorbereitung auf Familie, Ehe und berufliche Karriere, die Entfaltung von sozial verantwortlichem Verhalten und schließlich als wichtigste Aufgabe: die Entwicklung der Ich-Identität. (Vgl. Oerter / Dreher 1998, S. 328f.)

Nicht alle diese Entwicklungsaufgaben stehen im Zentrum der jugendliterarischen Adoleszenzromane der Gegenwart, vielmehr konzentrieren sich diese auf drei zentrale Aspekte. Im Vordergrund steht der Themenkomplex Liebe, Partnerschaft und Sexualität. Den zweiten großen Bereich bildet das Thema Identität. In den Jugendromanen geht es um existentielle Orientierung, Identitätssuche und -findung, um die Auseinandersetzung mit dem Selbstbild und dem eigenen Körper. Als Drittes werden die Eltern-Kind-Beziehung und die Ablösung von den Eltern intensiv behandelt.

Der jugendliterarische Adoleszenzroman ist problemorientiert und problemoffen; deswegen wird auch ein mögliches Scheitern des Jugendlichen in dieser Entwicklungsphase konkret thematisiert. Weitere Merkmale des jugendliterarischen Adoleszenzromans sind die „Schnoddrigkeit" seiner Protagonisten, die als raue Schale eine „zartbesaitete Psyche" überdecken soll. Vor allem die männliche Hauptfigur – so stellt Ewers 1991 fest – erscheint nach außen hin „großmäulig, vulgär, ironisch bis zynisch". Damit verbunden sind das „Zurschaustellen der eigenen Sexualität", ein „Sich-in-Szene-Setzen und Sich-selbst-wichtig-Fühlen. Kurz: das typisch männliche Grandiositätsgefühl". Der weibliche Adoleszenzroman kann aber ebenfalls dieses „Grandiositätsgefühl" aufweisen, und „Schnoddrigkeit" ist heute durchaus kein Privileg der männlichen Jugendlichen mehr. Allerdings setzt sich der weibliche Adoleszenzroman in seinen gelungenen Beispielen wegen der spezifisch weiblichen Adoleszenz durchaus auch davon ab und arbeitet die Besonderheiten einer weiblichen Geschlechtsidentität heraus.

Auf Grund der Nähe der jugendliterarischen Adoleszenzliteratur zur Erwachsenenliteratur und auf Grund der Einflüsse der amerikanischen und skandinavischen Adoleszenzromane lässt sich eine deutliche Steigerung der Literarizität dieser Texte erkennen. Wilhelm Steffens (1998, 2002) hat auf eine ähnliche Entwicklung im psychologischen Kinderroman hingewiesen. Alle modernen Formen des anspruchsvollen literarischen Erzählens werden im zunehmenden Maße von den Kinder- und Jugendbuchautoren aufgenommen.

Einen besonders großen Bereich nimmt die Darstellung des Innenlebens der jugendlichen Protagonisten ein, da sie zum besonderen Ausdruck ihrer Welt- und Wirklichkeitserfahrung geworden ist. Maria Lypp (1989) nennt das den „Blick ins Innere". Alle wichtigen erzählerischen Mittel des modernen Ich-Romans werden von Autorinnen und Autoren angewendet. Ebenso finden die differenziertesten Formen des personalen Erzählens Verwendung. Wilhelm Steffens (1998, 2002) nennt in diesem Zusammenhang den inneren Monolog mit Übergängen zum stream of consciousness, häufige Wechsel des Erzählerstandortes, Rückblenden, das Erzählen auf verschiedenen Zeitebenen, Variationen in den Tempusformen oder collage- und montageartige Formen des

Erzählens. Der Roman „Arnes Nachlaß" von Siegfried Lenz, der im Herbst 1999 erschienen und ebenfalls zur Adoleszenzliteratur zu rechnen ist, weist in
thematischer und literarischer Hinsicht keinerlei
Unterschiede mehr zu den jugendliterarischen Adoleszenzromanen auf.

Der jugendliterarische Adoleszenzroman findet auf
Grund dieser anspruchsvollen Erzählweisen seine
Leserinnen und Leser nicht mehr allein unter Jugendlichen, sondern zunehmend auch unter den Erwachsenen.

2.2 Postmoderne Entwicklungen

Eine ganz neue Entwicklung scheint sich im jugendliterarischen Adoleszenroman abzuzeichnen, die
Heinrich Kaulen mit dem Begriff „postmodern" charakterisiert. Als seine typischen Merkmale gelten u.a.
„das zitathafte Spiel mit unterschiedlichsten literarischen Motiven und Konventionen (Collagetechnik,
Intertextualität), der Verzicht auf kohärente Sinnkon-
struktion, die Aufsprengung einer linearen Hand-
lungsfolge in zahlreiche mehr oder weniger frag-
mentarische Einzelepisoden, die oft noch aus der
Perspektive unterschiedlicher Figuren erzählt werden." (Kaulen 1999a, S. 9f.) Inhaltlich lässt sich eine
völlig tabulose Darstellung von Sexualität, Alkoholismus und Drogenexessen und die Verklärung einer
offenbar zeittypischen Coolness mit fortlaufenden
jugendlichen Normverstößen erkennen. Die traditio-
nellen Vorstellungen von Identitätsfindung, Autonomie und Persönlichkeitsentwicklung werden dabei
total in Frage gestellt. Kaulen bezeichnet sie deswegen als medien- und werbeabhängige „Bastelidenti-

tät" (Kaulen 1999a, S. 10). Als Beispiele für diesen Trend gelten im deutschen Sprachraum der 1997 erschienene Roman „Relax" von Alexa Hennig von Lange und „Crazy" von Benjamin Lebert aus dem Jahr 1999.

Ob diese Art des jugendliterarischen Adoleszenzromans eine Zukunft hat, sei dahingestellt. Kaulen (1999a, S. 10) konstatiert, dass nicht wenige Leser die dargestellte Adoleszenz als konstruiert, befremdlich, fragwürdig und als Angriff auf die eigenen Lebensprinzipien empfinden, da letztlich das Ziel einer Identitätsgewinnung aufgegeben ist. Wie weit die Leser der oben beschriebenen Art des Erzählens zudem folgen wollen und können, ist eine weitere Frage. Trotzdem – so Kaulen – bildet diese Art des jugendliterarischen Adoleszenzromans Aspekte gegenwärtiger Jugendlichkeit ab und könnte sowohl formal wie inhaltlich innovativ wirken. Die Verleihung des Deutschen Jugendliteraturpreises im Jahr 2002 an Alexa Hennig von Lange für ihr Jugendbuch „Ich habe einfach Glück" und die Verfilmung von Benjamin Leberts Buch „Crazy" unterstützen mit Sicherheit diesen Trend.

2.3 Die „Initiationsreise" als literarisches Modell

Peter Freese (1971, 1998) hat in seinen Studien zum modernen amerikanischen Roman die „Initiationsreise" als ein literarisches Modell herausgearbeitet, was für Entwicklungsromane konstitutiv ist. Er geht in seiner Untersuchung aus von den verschiedenen Formen der Initiation, wie sie sich im Lichte der Ethnologie, der Psychologie, Soziologie und Religionsgeschichte darstellen. Die Initiation ist in allen

Kulturen und auf allen Kulturstufen anzutreffen und kann deshalb als ein grundlegendes Phänomen der individuellen, sozialen und religiösen Entwicklung der Menschen angesehen werden. Unter Initiation versteht man bestimmte Bräuche, die eine Kultur entwickelt hat, um die Aufnahme eines „Neulings" in eine Standes- oder Altersgemeinschaft zu regeln; insbesondere wird darunter die Aufnahme des Jugendlichen in den Kreis der Erwachsenen, ob Männer oder Frauen, verstanden. An die Stelle der Initiation tritt in der Gegenwart und hier vor allem in den modernen westlichen Kulturen die Sozialisation mit ihren Entwicklungsaufgaben, wie ich sie in Anlehnung an die moderne Entwicklungspsychologie beschrieben habe.

Freese hat durch die Analyse zahlreicher Mythen die Merkmale derartiger Initiationen herausgearbeitet. In den Mythen wird die Initiation meist als eine Initiationsreise dargestellt, die einen dreiteiligen Aufbau besitzt: den Aufbruch aus einer Lebensphase, den Übergang und schließlich den Eingang in eine neue Phase sozialer oder religiöser Existenz. Der Übergang wird dabei meist als ritueller Tod, der Eingang als eine Art Wiedergeburt verstanden.

Die Initiationsreise besitzt immer einen symbolischen Charakter, und die existentiellen Veränderungen des Individuums werden in den Mythen und in der Initiationsliteratur ebenfalls symbolisch dargestellt: als Kleiderwechsel, als Annahme eines neuen Namens wie z. B. bei den Indianern; als Taufe; als Sturz ins Meer oder in einen Abgrund; als Regen, der als Reinigungsvorgang der Seele verstanden wird; als Überwindung einer gefährlichen Brücke; als

Durchfahrt durch einen dunklen Tunnel oder als Überquerung eines gefährlichen Gewässers.

Die Initiationsreise ist also Sinnbild einer bedeutenden existentiellen Veränderung, die symbolisch als Tod des alten und Geburt des neuen Menschen dargestellt wird.

Und ein Letztes: Oft steht dem Initianten ein Helfer, ein Mentor, zur Seite, der ihn begleitet, der ihm rät und hilft, die Schwierigkeiten, die sich ihm in den Weg stellen, zu überwinden. Dieser Helfer kann den Initianten den ganzen Weg über begleiten, oder er taucht nur bei besonders gefährlichen Bewährungsproben auf.

Dass dieses literarische Modell von Freese zur Interpretation von Adoleszenzromanen hilfreich ist, wird im Folgenden bei der Analyse der ausgewählten Textbeispiele deutlich werden.

3 Das „Zu-sich-selber-Kommen des Menschen“
und das „Nach-Denken“ im jugendliterarischen
Adoleszenzroman der Gegenwart

„Was ist das: Dieses Zu-sich-selber-Kommen des Menschen?“ und wie kann das „Nach-Denken“, das „Jemandem-nach-Denken“, der Identitätsfindung von jungen Menschen dienen?

Es ist schon sehr überraschend, dass dieses literarische Modell, das Christa Wolfs Roman „Nachdenken über Christa T.“ zugrunde liegt, bei gegenwärtigen Jugendbuchautorinnen und -autoren so häufig angewendet wird. Bei meiner Durchmusterung der Jugendliteratur der letzten Jahre sind mir mehrere jugendliterarische Adoleszenzromane aufgefallen, die dieses Muster benutzen und deren literarische Qualität beim Lesen unmittelbar hervorsticht. Ich gehe allerdings davon aus, dass es sich bei diesen Adoleszenzromanen keineswegs um eine bewusste Nachahmung des Nach-Denk-Musters von Christa Wolf handelt – schließlich sind die meisten der Autorinnen bzw. Autoren Amerikaner, Holländer oder Skandinavier –, ich bin vielmehr der Ansicht, dass dieses Modell als Erzählkonstruktion für einen Adoleszenzroman eine besondere Eignung besitzt.

Bei den Texten, die ich Ihnen jetzt vorstellen werde, handelt es sich um den mit dem deutschen Jugendliteraturpreis 1999 ausgezeichneten Jugendroman „Bruder" des Holländers Ted van Lieshout, um „Kurz vor morgen" (1999) von Irma Krauß, um „Hundert Jahre und ein Sommer" (1999) von Klaus Kordon, um „Mein zweites Ich" (2000) von der Amerikanerin Lael Littke und um „Untergehen kannst du nicht" (2000) von der Schwedin Kristina Sandberg. Ich ergänze diese Textgruppe um den 1998 als Taschenbuch erschienenen Roman „Östlich der Sonne – Westlich des Monds" der Norwegerin Torill Eide (deutsch erstmals 1994), da ich ihn für einen der bedeutendsten Adoleszenzromane der Gegenwart halte. Auf ihn gehe ich am Schluss meines Vortrags etwas ausführlicher ein.

3.1 Ted van Lieshout „Bruder"

Der Adoleszenzroman von Ted van Lieshout ist eine Brudergeschichte. Das verrät schon der Titel. Seit einem halben Jahr ist Marius schon tot; morgen würde er fünfzehn. Gestorben ist er an der Wilsonschen Krankheit, einer seltenen Stoffwechselkrankheit, bei der der Körper das Kupfer aus der Nahrung nicht ausscheidet, sondern in den Organen anhäuft, so dass der Kranke langsam vergiftet wird. Da niemand die Krankheit richtig diagnostiziert, geht Marius langsam an ihr zugrunde. An seinem 15. Geburtstag plant die Mutter auf ihre Art von Marius endgültig Abschied zu nehmen, indem sie sein Zimmer leer räumt und alles verbrennt. Für Luuk ist das so, als habe es seinen Bruder nie gegeben. Er will etwas von ihm retten und behalten, denn ihm wird bewusst, dass er die Stimme und das Aussehen von Marius schon nicht mehr genau erinnern kann. Er bemächtigt sich seines Tagebuchs in der Absicht, es nicht zu lesen, sondern die noch leeren Seiten zu einem Zwiegespräch mit Marius zu benutzen, um es so zu seinem eigenen Tagebuch zu machen. Erzähltechnisch ist dieser Adoleszenzroman eine kunstvolle Kombination aus einer Ich-Erzählung, einer Du-Erzählung und einem Tagebuch. Alles drei verschränkt sich. Hier denkt der Ich-Erzähler Luuk durch sein Tagebuchschreiben seinem Bruder „nach"; er führt mit ihm ein Zwiegespräch, er spricht ihn an, er breitet vor ihm seine Gedanken aus und erinnert sich so an seinen Bruder. Schließlich wird dieser Gesprächsmonolog zu einem echten Zwiegespräch, denn als der Platz in dem Tagebuch des Bruders nicht mehr ausreicht, beginnt Luuk, zwischen den Zeilen seines Bruders weiterzuschreiben und dessen Tagebuchaufzeichnungen in seine Gedanken zu integrieren. Die Aufzeichnungen von Marius, im Roman in kursiver Schrift hervorgehoben, lassen Luuk erkennen, dass er seinen Bruder total vernachlässigt hat. Luuk hatte sich stets abgekapselt, in seinem Zimmer verbarrikadiert und sich in sich selbst zurückgezogen, den Jüngeren nie an sich herangelassen. Das Tagebuch macht ihm nun bewusst, wie sehr Marius darunter gelitten hat. Erst kurz vor dem Tod gelingt es Luuk, sein Verhalten zu verändern. Und Marius genießt es, als ihm der Bruder den Arm um die Schultern legt, ihn umsorgt, sich um ihn kümmert. Luuk wird sich darüber klar, dass seine Homosexualität, die er vor aller Welt und vor allem vor seinen Eltern zu verbergen versuchte, daran gehindert hat, offen auf andere Menschen zuzugehen und sie an sich heranzulassen. Seine Verkapselung war sein Schutzwall; sie führte Luuk aber in die Isolation, in die Vereinsamung. In dieser posthumen Korrespondenz durchlebt Luuk sein Leben mit seinem Bruder Marius noch einmal; er findet eine nie gekannte Annäherung an den Bruder und lernt im Zwiegespräch mit ihm sich selbst besser kennen und sich anzunehmen, wie er ist. Da auch Marius homosexuelle Gefühle nicht fremd sind, lernt Luuk, seine Homosexualität anzunehmen und sich schließlich seiner Mutter gegenüber zu ihr zu bekennen. Dadurch wird dieser Roman zu einem echten Adoleszenzroman. Luuk gelingt über das Zwiegespräch mit dem Bruder die Selbstannahme und damit der wichtigste Schritt auf dem Weg zum Erwachsenwerden.

Das „Jemandem-nach-Denken" führt hier zu gesteigerter Selbstwahrnehmung und Ich-Findung. „Was ist das: Dieses Zu-sich-selber-Kommen des Menschen?" In diesem Adoleszenzroman von Ted van Lieshout wird es exemplarisch vorgeführt. Der verstorbene Marius wird über sein Tagebuch und das Zwiegespräch, das Luuk mit ihm führt, zum posthumen Mentor seines älteren Bruders, so dass dessen Initiation am Ende glücken kann.

3.2 Klaus Kordon „Hundert Jahre und ein Sommer"

Während im Adoleszenzroman von Ted van Lieshout ein männlicher Protagonist seinem Bruder „nach-denkt" und auf diese Weise seine Adoleszenzproblematik bewältigt, ist es in dem Roman von Klaus Kordon ein Mädchen, das sich mit ihren Vorfahren auseinander setzt, und zwar mit ihrer Ururgroßmutter Minchen und mit ihrem Großvater Robert Seemann. Die Studentin Eva Seemann, die bis dato keine Beziehung zu diesen Vorfahren hatte, muss erst ihr Elternhaus in Lilienthal bei Bremen verlassen, um in der wiedervereinigten Hauptstadt Berlin diese ungewöhnlichen Begegnungen zu erleben.

Der Vater von Eva hat vor vielen Jahren wegen politischer Differenzen den Kontakt zu seinem in DDR-Zeiten erfolgreichen Schriftstellervater Robert abgebrochen. Er konnte das DDR-Leben nicht ertragen und floh in den Westen. Die Beziehung zwischen Vater und Sohn zerbrach. Erst nach der Wiedervereinigung besucht Robert kurz die Familie seines Sohnes in Lilienthal, und erst Jahre später, nämlich 1999, folgt Eva der Einladung ihres Großvaters nach Berlin. Der Grund für ihren Besuch ist vor allem Evas Interesse an ihrer Ururgroßmutter Minchen, von der sie ein Foto besitzt und zu der sie eine merkwürdige Seelenverwandtschaft verspürt. Zudem wohnt der Großvater noch immer in dem Haus, in dem einst das Dienstmädchen Minchen Seemann lebte und arbeitete. Durch Minchens Briefe, Urkun-

den, ihren Schmuck und ihre sieben Bücher, die ihr
Großvater Robert ihr schickt, intensiviert sich diese
Seelenverwandtschaft. Eva wohnt sogar während ihres Besuchs in Berlin in Minchens Zimmer. Erzählt
wird diese Annäherung an Minchen und Robert, dieses „Nach-denken" über sie, von Eva, die die Erlebnisse dieses Sommers und die hundert Jahre Vergangenheit in einem langen fiktiven Brief an Minchen
zu Papier bringt, der den ganzen Roman ausmacht.
Ihr Brief und damit das Buch endet mit den Worten:
„Das war's, was ich festhalten wollte; das ist es, was
ich nicht vergessen will." (Kordon 1999, S. 389)

Dieser Sommer in Berlin bringt aber noch mehr als
die Annäherung an Minchen. Eva versucht zugleich
eine Annäherung an den ihr fremden Großvater Robert, der verschlossen und in sich gekehrt ist. Durch
das Märchenmotiv der „verschlossenen Türen" wird
die Annäherung literarisch verdichtet. Eva gelingt es
ganz langsam und durch großer Behutsamkeit, dass
Robert ihr gegenüber die „verschlossenen Türen"
öffnet und ihr Einblick in sein Leben, sein Wesen,
seine Verdrängungen, seine Schuldgefühle gewährt.
Die letzte „Tür", seine Krebserkrankung, öffnet sich
erst mit seinem Tod.

Die Begegnung mit Minchen und Robert führt bei
Eva zugleich zu einer Auseinandersetzung mit hundert Jahren deutscher Geschichte, mit Kaiserreich,
Weimarer Zeit, mit dem Nationalsozialismus und
seinen Gräueln, mit der deutschen Teilung und ihren
schmerzlichen Konsequenzen für den Einzelnen und
ganze Familien, mit Gegenwartsproblemen wie Häu-
sersanierungen in Berlin und deren Folgen für ihre
Bewohner. Der Sommer bringt Eva aber auch eine

intensive Liebesbeziehung zu dem jungen Russen Gregg aus St. Petersburg, eine Liebesbeziehung, die alles das übersteigt, was sie bisher an Erfahrungen gemacht hat, und die für Gregg und sie das reine Glück bedeutet. Der Sommer bringt schließlich eine vorsichtige Annäherung zwischen Evas Vater und seinem Vater Robert, die schmerzliche Auseinandersetzung Roberts mit seiner DDR-Vergangenheit und schließlich seinen Tod. Am Ende des Sommers hat Eva ihren Weg gefunden. Sie löst sich vom Elternhaus, wird im Wintersemester in Berlin studieren und mit Gregg zusammenleben; sie hat eine Vorstellung davon gewonnen, wie ihre persönliche und berufliche Zukunft aussehen kann. Sie ist erwachsen geworden. Auf diesem Weg begleiteten sie Minchen und Robert, aber auch Gregg als ihre hilfreichen Mentoren.

3.3 Irma Krauß „Kurz vor morgen"

Wie Eva begegnet auch Senta Deil in dem Adoleszenzroman „Kurz vor morgen" von Irma Krauß einem ihr bis dahin „unbekannten" Verwandten, ihrem Urgroßvater; zwischen ihm und Sentas Familie sind alle Kontakte seit vielen Jahren abgerissen, so dass sie nichts von seiner Existenz wusste. Ein zufälliger Schulausflug nach Biberau führt zur ersten Begegnung mit ihm. Das Jahr 1999 und der bevorstehende Jahrtausendwechsel bilden den historischen Hintergrund. Die Begegnung zwischen der 16-Jährigen und dem 101-Jährigen und das „Ihm-nach-Denken" werden für Senta zu einer „Zeitreise" (Krauß 1999, S. 64). Sie muss sich an den „Lebenszeitpunkt" des Urgroßvaters langsam herantasten, für den am 1. Juni 1946 mit dem Tod seiner Frau, die ebenfalls Senta hieß, die Zeit stehen geblieben ist. Die Auseinandersetzung mit der Zeit ist deswegen das zentrale Thema dieses Adoleszenzromans. Senta muss gleichsam ihre Schritte verlangsamen, sie muss ihre ganze Sensibilität aufbringen, um sich auf den Urgroßvater und seinen Lebenszeitpunkt einzustellen. Ihr gelingt das auf einfühlsame Art und Weise. Anfangs von dem Uropa als seine eigene Frau Senta wahrgenommen, muss ein gegenseitiger historischer Annäherungsprozess stattfinden, damit ihrer beider Leben in zwei unterschiedlichen Zeitzonen überbrückt werden kann und eine Begegnung in der Gegenwart möglich wird. Es ist ergreifend geschildert, wie dem Urgroßvater eines Tages durch einen Blick in den Spiegel bewusst wird, dass zwischen Senta und ihm ein Abstand von drei Generationen besteht, und wie sich anschließend beide bemühen, diesen Abstand zu verringern. Senta entwickelt eine intensive und überaus herzliche Beziehung zu ihrem Urgroßvater und er zu seiner Urenkelin, so dass dessen Leben, das in einem Stillstand der Zeit verharrte, wieder in Bewegung gerät. Mit Sentas Hilfe arbeitet er seine eigene Vergangenheit auf: den Tod seiner Frau, den Kriegstod seines ältesten Sohnes, die Distanz zu seinem zweiten Sohn, Sentas Großvater. Die Beschäftigung mit Sentas aktuellem Kalender führt schließlich dazu, dass er in die Gegenwart zurückfindet und mit Senta am Tag von Allerseelen zum Grab seiner Frau geht, um mit ihr stumme Zwiesprache zu halten. Nach einem ersten Schock breitet sich auf seinem Gesicht ein Lächeln aus, „(e)in richtiges sonniges Lächeln, das in den Augen begann und bis zum Mund reichte." (Krauß 1999, S. 175)

Für Senta bedeutet dieses halbe Jahr des Zusammenlebens mit ihrem Urgroßvater – er stirbt in der Nacht des Jahrtausendwechsels eines friedlichen Todes – eine Begegnung mit der Vergangenheit und den Problemen ihrer Familie im historischen Kontext des 20. Jahrhunderts, ein Aufarbeiten abgebrochener Lebensschicksale, eine Wahrnehmung ihrer selbst und ihrer Einstellung zu Zeit, Lebensschicksal und Tod. Die 16-Jährige, die bis dahin ein unbekümmertes Leben geführt hat, lernt durch ihren Urgroßvater, über sich selbst nachzudenken. Der Roman von Irma Krauß wird zu einem Adoleszenzroman mit einer doppelten Mentorenschaft, denn wie ihr Urgroßvater für Senta zum Mentor in ihrer adoleszenten Lebenssituation wird, wird Senta für ihn zur Mentorin, die ihn zurück in die Gegenwart führt. Beider Leben wird dadurch auf unglaubliche Weise bereichert.

In ihrer grundlegenden Idee sind sich die jugendliterarischen Adoleszenzromane von Klaus Kordon und Irma Krauß verblüffend ähnlich; in ihrer Problemdarstellung, -durchdringung und -verarbeitung adoleszenter Erfahrungen erweisen sie sich geradezu als Komplementärromane.

3.4 Lael Littke „Mein zweites Ich"

Aus dem Rahmen der bisher vorgestellten Bücher fällt der jugendliterarische Adoleszenzroman der Amerikanerin Lael Littke „Mein zweites Ich" deutlich heraus. Das Erzählmodell von Christa Wolf wird darin auf ganz andere Weise gehandhabt, da es in die Protagonistin selbst hineinverlegt wird. Die 17-jährige Janine, die bei einem Autounfall schwer verletzt wird, glaubt an der Schwelle zum Tode ihrer mit vier Jahren tödlich verunglückten Zwillingsschwester Lenore zu begegnen. Als sie aus langer Bewusstlosigkeit erwacht, scheint es ihr, als habe sich ihre Zwillingsschwester in ihrem Bewusstsein eingenistet und fordert ihr Recht auf Leben. Die Zwillingsschwestern waren grundverschieden; während Janine die liebe, brave Tochter war, zeigte sich Lenore als die draufgängerische, zupackende und auch bisweilen über die Stränge schlagende. Janine ist nun beides, Janine und Lenore. Die Bewusstseinsströme beider Schwestern streiten in Janines Innern um die Vorherrschaft, wodurch Janine in eine psychotische, schizophrene Situation gerät. Mal dominiert Janine, mal Lenore. Ihr Bewusstseinsstreit wird schließlich so intensiv, dass er sich in Selbstgesprächen äußert. Janine versucht das zwar zu unterdrükken, um nicht als psychisch krank zu gelten, aber das gelingt ihr immer weniger. Diese „Schizophrenie" äußert sich z.B. in der Beziehung zu zwei Jungen, die jeweils von einer der Zwillingsschwestern begehrt werden, oder in Lenores Diebstahl eines Armbandes oder in ihren Lügereien und Heimlichkeiten, die Janine intensiv ablehnt. Bisweilen geht der „Machtkampf" beider Schwestern so weit, dass sich Janine nicht mehr im Klaren ist, wer nun gerade die Oberhand besitzt; die Bewusstseinsströme der Zwillingsschwestern verschmelzen miteinander.

Das Interessante für den adoleszenten Prozess an diesem Buch ist die Auseinandersetzung Janines mit den „beiden Seelen in ihrer Brust". Beide sind Teil ihres Bewusstseins; beide kann sie ausprobieren, mit beiden muss sie aber leben, denn beide sind Teil ihrer Persönlichkeit.

Der Autounfall hat das in Janines Unbewusstes verdrängte Erlebnis des Todes ihrer Zwillingsschwester virulent werden lassen. Janine versucht nun mit aller Macht, den damaligen Unfall zu rekonstruieren, da ihr mehr und mehr bewusst wird, dass sie die Wahrheit verdrängt hat. Über ein Foto, aus dem sie als Siebenjährige den Kopf Lenores herausgeschnitten hat, kommt sie schließlich der Wahrheit näher. Sie ist in Wahrheit Lenore, die nach dem Tod durch Ertrinken Janines deren Identität angenommen hat, um als die „liebe" Schwester der Strafe zu entgehen. Die Eltern haben auf ärztlichen Rat das Spiel mitgespielt, um Lenore die Chance zu geben, während der Adoleszenzzeit und mit Hilfe einer Therapie ihre wahre Identität wiederzugewinnen. Der Schock des Autounfalls war das auslösende Moment für den hier beschriebenen Aufarbeitungsprozess.

Man könnte nun dieses Buch von Lael Littke allein als Roman einer Psychose lesen. Damit verkürzt man ihn aber in seiner Aussage, denn der im Innern der 17-Jährigen ablaufende Prozess ist zugleich ein Prozess der Identitätsfindung. Die Gespräche zwischen Janine und Lenore sind ein Weg, wie durch die Auseinandersetzung mit sich selbst der Adoleszente zu sich selber kommen kann. Die einander widerstreitenden Bewusstseinsströme müssen zu einem Ausgleich gebracht werden, um die Frage „Wer bin ich eigentlich?" beantworten zu können. Erst wenn das geschafft ist, wenn also die „Selbstdiskrepanz" (Oerter / Dreher 1998, S. 355) überwunden ist, gewinnt der Adoleszente ein stimmiges Bild von sich selbst, wird sein Selbstkonzept stabil und entwickelt er sich zu einer autonomen Persönlichkeit. Das ist die andere Botschaft dieses jugendliterarischen Adoleszenzromans.

3.5 Kristina Sandberg „Untergehen kannst du nicht"

In den beiden unsere Untersuchung abschließenden jugendliterarischen Adoleszenzromanen denken zwei junge Frauen den eigenen Müttern „nach", die früh verstorben sind und die ihnen daher im Prozess des Erwachsenwerdens als Gesprächspartnerinnen und als Identifikationsfiguren fehlen. Beide versuchen die Annäherung durch ein besonderes Verfahren, die Abiturientin Anna in Kristina Sandbergs Buch „Untergehen kannst du nicht" durch Szenen der Erinnerung; sie sind in dem Roman in kursiver Schrift vom übrigen Text abgehoben und werden in die Handlung eingeschoben. Am Anfang des Romans heißt es in einem dieser kursiv gesetzten Texte: „Du zwingst mich, dass ich mich dir nähere. In all den Jahren habe ich versucht, dich zu vergessen, habe versucht, dich in aller Stille zu begraben. Aber das geht jetzt nicht mehr. Ich muss wissen, wer du warst." (S. 13)

Anna erlebt ihren letzten Sommer als Schülerin, denn, da sie im kommenden Jahr ihr Abitur macht, steht sie vor der Entscheidung, wie ihr weiterer Lebensweg verlaufen soll. Sie ist unsicher, mit sich selbst unzufrieden und voller Ängste, die sich immer wieder in Magenkrämpfen äußern. Sie hat das Gefühl, als ob in ihr ein Loch sei, das immer größer wird. Das sind Gefühle, die sie mit ihrer Mutter verbinden, da diese unter ähnlichen Schmerzen gelitten hat.
Anna sucht in ihrer Kindheit eine überaus enge Mutterbindung; aber die Mutter ist für sie oft nicht

erreichbar, da sie in ihre eigenen Probleme verstrickt ist. Anna versucht dann nach ihr zu rufen, in ihren Blick einzudringen, aber sie erreicht sie meist nicht.

Ihr Vater ist ein notorischer Einzelgänger. Er hat mit Annas Mutter während ihrer Ehe immer wieder Streit, da er nicht verstehen kann, dass seine Frau den Problemen des Lebens nicht gewachsen ist. Sein Schreien und sein Zorn verändern aber nichts, vielmehr kapselt sich Annas Mutter noch mehr ab und ist kaum noch ansprechbar. Die Streitereien der Eltern belasten Anna massiv. „Ich spüre einen Stich. Immer tiefer schneiden die Messer in meinen Bauch" (S. 130), heißt es in einem ihrer Erinnerungstexte.

Einen offensichtlichen Selbstmordversuch der Mutter im See kann Anna im letzten Augenblick dadurch verhindern, dass sie sich die Kleider vom Leibe reißt und als Nichtschwimmerin der Mutter ins tiefe Wasser folgt. Ihr Angstschrei lässt die Mutter umkehren und sie an Land bringen. „Die Tränen fließen und du streichst mit deiner Hand über meinen Rücken." (S. 150)

Der Roman endet mit einer Traumpassage: „Ich gehe zum Teich, barfuß. Die Tannennadeln verursachen kleine Wunden an den Stellen, wo die Haut am härtesten ist. Der Teich ist schwarz. Er lockt. (...) Im Wasser gibt es keinen Schmerz, es ist weich wie Samt, weich wie deine Haut. Nur kälter. Ich schwimme gegen die Strömung (...) ich spüre den Wind. Rundherum in Wirbeln. Ich glaube, es ist still, aber ich höre es nicht." (S. 205)
Die Annäherung an die Mutter, die Anna versucht, ist also überaus schmerzlich. Parallel dazu schildert

Anna ihre Erlebnisse dieses Sommers, ihre Beziehungen zu den Großeltern, zum Vater, zu der in England wohnenden Schwester. Aber Anna ist allein und einsam. Sie hat keine Freundin, keinen Freund. Nur kurzzeitig gelingt eine freundschaftliche Beziehung zu Moa, die neu in ihre Klasse gekommen und ebenso wie sie eine Außenseiterin ist. Von ihr angeregt, geht sie eine Liebesbeziehung mit Kristoffer ein, der sie bedrängt und mehr von ihr fordert, als sie geben will, der andererseits ihre permanenten Stimmungsschwankungen nicht begreifen und aushalten kann. Beide Beziehungen, die zu Moa und die zu Kristoffer, scheitern am Ende, und Anna macht eine bedrohliche Krise durch, von der man als Leser nicht weiß, wie sie endet. Der Originaltitel unterstützt diese Offenheit, denn er heißt wörtlich übersetzt: „Im Wasser fließt man".

3.6 Torill Eide „Östlich der Sonne – Westlich des Monds"

Die Ich-Erzählerin in Torill Eides Roman „Östlich der Sonne – Westlich des Monds" versucht, da sie ihre Mutter nie kennen gelernt hat, eine Annäherung mit Hilfe der Tagebücher der Mutter und der ihr eigenen Imaginationskraft.

Torill Eides Jugendbuch besitzt wie alle anderen hier vorgestellten Adoleszenzromane ebenfalls die Erzählstruktur von Christa Wolfs bedeutendstem Roman: Eine junge Frau, 27-jährig, die kurz vor ihrem Examen steht, zieht sich im Frühjahr in die Einsamkeit der Wälder Norwegens in das alte Haus zurück, in dem früher ihre Großeltern lebten, in dem ihre Mutter aufgewachsen ist und in dem sie selbst geboren wurde. Sie hat ihre Bücher mitgebracht, um zu lernen. Mitgebracht hat sie aber auch zwei vergilbte Schulhefte, die sie kurz nach dem Tode ihrer Großmutter im vergangenen Herbst gefunden hat; es sind die Tagebücher ihrer Mutter. Ihre Mutter Ingri war als Siebzehnjährige wenige Wochen nach ihrer Geburt im nahe gelegenen See ums Leben gekommen; deswegen wurde sie, die Ich-Erzählerin, von ihrer Großmutter aufgezogen.

Der Text dieses Jugendbuchs ist dadurch gekennzeichnet, dass er in zwei verschiedenen Drucktypen gesetzt ist. Die kursiv gesetzten Passagen sind die Gedanken und Überlegungen der Tochter von Ingri in der Erzählgegenwart, während sie sich im Elternhaus ihrer Mutter aufhält. Diese Texte sind als Ich-Erzählung konzipiert.

„Hier in diesem Haus, in dem ich jedes knarrende Dielenbrett und jedes Ächzen von Wänden und Dach kenne, denke ich, so ist es, selbstverständlich ist es so. Wird man in dieses Haus hineingeboren, wird man auch hineingeboren in dessen Geschichte und diese Geschichte wird zu einem Teil des eigenen Lebens, sie ist so tief eingeprägt, dass es später nicht möglich ist, einen wirklichen Unterschied zu machen zwischen damals – und heute." (S. 7)

Die normal gesetzten Passagen dagegen entfalten die Geschichte Ingris, wie sie ihre Tochter, die Ich-Erzählerin, 27 Jahre nach deren Tod entwirft. Es werden Episoden ausphantasiert, die Ingri erlebt haben könnte, und zwar von ihrem 7. Lebensjahr bis zu ihrem frühen Tode mit 17, als sie im Frühjahr – etwa drei Wochen nach der Geburt ihrer Tochter – im nahen Bibersee ins Eis einbricht und ertrinkt.

Die Texte der Erzählgegenwart der Ich-Erzählerin und die Texte der erdachten Vergangenheit Ingris wechseln im Jugendbuch fortlaufend miteinander ab. Die Passagen der „Realität" ragen wie Inseln aus dem Kontinuum der „Vergangenheit" heraus. Bisweilen hat es sogar den Anschein, als gerate die Ich-Erzählerin im Verlaufe des Erzählens ganz in den Hintergrund, als stehe die Geschichte Ingris beherrschend im Vordergrund. Und doch wird dieses Kontinuum immer wieder durchbrochen wie zu einem „Luftholen", einem Sich-Vergewissern, um dann wiederum in die Vergangenheit einzutauchen. Bisweilen scheint es so, als wollten die beiden Ebenen miteinander verschmelzen, als erfolge eine Integration der Gegenwart in die Vergangenheit.

Zum Schluss wird zwischen den beiden Geschichten aber doch eine deutliche Trennung vollzogen, denn die Ich-Erzählerin erkennt, dass sie eine eigene Geschichte hat, die anders als die ihrer Mutter verlaufen ist, und sie hat auch eine Zukunft in der Beziehung zu einem geliebten Mann.

Damit endet das Jugendbuch. Das „Nachdenken" über die eigene Mutter hat der Ich-Erzählerin eine Annäherung gebracht, es hat zum Verstehen und teilweise sogar zur Identifikation geführt, es hat aber zugleich das Bewusstsein für die Wahrnehmung der eigenen Persönlichkeit und für die eigene Geschichte geschärft.

Gegenstand des Jugendbuchs ist also die fiktive Geschichte des in der Einsamkeit der norwegischen Wälder aufgewachsenen Mädchens Ingri, ihre genauen Lebensumstände, ihre Beziehung zu den Eltern, zur Freundin, das Leben in Eintönigkeit und Zurückgezogenheit. Sie kommt aufs Gymnasium in die Stadt und ist den Anforderungen dort nicht gewachsen, der Fremdheit und Anonymität; hinzu kommen die Probleme der Adoleszenz, die Verunsicherungen, Vereinsamungen und die Ablösung von den Eltern. Es ist gleichzeitig die Geschichte der Verlockungen des städtischen Lebens, des Nicht-mehr-Kind-Seins, der erwachenden Sexualität, der Hoffnung auf ein anderes Leben, des Entstehens eines neuen Körper- und Selbstwertgefühls. Die sexuellen Beziehungen, die Ingri eingeht, scheitern; sie bringen nicht die erträumte Erfüllung. Der „Märchenprinz", der ihr begegnet und von dem sie schon in ihrer Kindheit geträumt hat, wird zu einer abgrundtiefen Enttäuschung. Eine ungewollte Schwangerschaft und die nicht erfüllbare Liebessehnsucht stoßen Ingri zurück in die Einsamkeit. Ist ihr Tod ein Unfall oder Selbstmord? Ingri bricht in dem zugefrorenen Bibersee ein und ertrinkt. „Es war ein Unfall", heißt es zweimal geradezu beschwörend. Doch dann folgt ein selbstkritischer Kommentar der Ich-Erzählerin, der diese Deutung in Frage stellt.

Ingris Scheitern kann mit den oben beschriebenen Merkmalen des „Initiationsromans", wie sie Peter Freese (1971) herausgearbeitet hat, adäquat erfasst werden. Zu seiner Initiation bedarf der Initiant – so hatten wir oben dargestellt – eines Mentors, der ihn führt und ihm in allen schwierigen Situationen helfend zur Seite steht.

Aber in „Östlich der Sonne – Westlich des Monds"
von Torill Eide steht Ingri ganz allein. Sie hat nie-
manden, der ihr raten oder gar helfen kann. Sie ist
völlig auf sich angewiesen: in ihrer Ablösung vom
Elternhaus, bei ihrer Suche nach der eigenen Identität und in ihren Liebesbeziehungen – und daher muss
sie scheitern. Dieser Jugendroman erzählt aber von
zwei adoleszenten Entwicklungen: von der Ingris
und von der ihrer Tochter, die sich in der alten Hütte
im Wald mit Hilfe der Tagebücher Ingris auf die Suche nach ihrer Mutter begibt. Ihr „Nach-Denken", ihre Verlebendigung ihrer Mutter und ihres Lebens
bildet zugleich den Abschluss ihrer eigenen Adoleszenz. Diese Ich-Findung der Tochter von Ingri wird
positiv abgeschlossen, denn am Ende weiß sie, wer
sie ist. Sie hat in den Tagebüchern ihrer Mutter und
damit in ihrer Person eine Mentorin gefunden. Wie
in einem Märchen kehrt sie am Ende aus dem Wald,
dem Inkubationsraum der Märchen, zu demjenigen
zurück, der sie liebt und der der Vater ihrer Kinder
werden soll. Ihre Ich-Findung endet mit einem Hap-
py End.

„Östlich der Sonne" und „Westlich des Monds" bilden als Überschriften des ersten und letzten Kapitels
nicht nur den Rahmen des Jugendbuchs, sondern sie
sind auch von entscheidender inhaltlicher Bedeutung, denn so lautet der Titel des Märchens, das sich
Ingri in ihrer Kindheit immer wieder von ihrem Vater hat vorlesen lassen.

„Östlich von der Sonne und westlich vom Mond" ist
ein norwegisches Märchen, das zu den Tierbräutigam-Märchen gehört: Eine Jungfrau wird einem
Tierbräutigam, einem weißen Bären, zur Frau gege-

ben; dafür verspricht er den armen Eltern Reichtum. Sie lebt mit ihm in seinem Schloss. Tagsüber ist er ein Tier, in der Nacht ein wunderschöner Mann. Sie hat ihm aber das Versprechen geben müssen, ihn nachts nie anzuschauen. Ihre Mutter rät der Tochter, gegen das Gebot zu verstoßen. Als sie ihn eines Nachts bei Kerzenschein betrachtet und ihn – überwältigt von seiner Schönheit – küssen will, fallen drei Wachstropfen auf sein Hemd, wodurch seine baldige Erlösung verscherzt und er entrückt wird. Nach langer Suchwanderung findet sie ihn im Schloss am Ende der Welt: östlich der Sonne und westlich des Monds, wo er mit einer hässlichen Trollkönigstochter verheiratet werden soll. Mit goldenem Spielzeug kauft das Mädchen der Trollkönigstochter drei Nächte ab, in denen sie am Bett des Geliebten wachen will. Ein Schlaftrunk verhindert zwei Nächte lang das Wiedererkennen. In der dritten Nacht, da der Prinz den Schlaftrunk ausgegossen hat, erkennt er sie, und beide schmieden einen Erlösungsplan. Der Prinz will diejenige heiraten, die die drei Talgflecken aus seinem Hemd waschen kann. Da das nur Christenhände vermögen, gewinnt das Mädchen den Wettbewerb und kann so ihren Prinzen erlösen.

Dieses norwegische Märchen ist ein Adoleszenzmärchen. Zu ihnen gehören alle Tierbräutigam-Märchen, das hat die tiefenpsychologische Märchenforschung sehr überzeugend herausgearbeitet. Die in Tiergestalt erscheinende Märchenfigur befindet sich in einer Auseinandersetzung mit ihren Trieben und ist in ihnen so gefangen, dass alle anderen Dimensionen wie z.B. die des Geistigen überdeckt werden. Der Wald ist der Inkubationsraum, in dem die Entwicklung ungestört vonstatten gehen kann. Die Tierhaut bei Tage und die menschliche Gestalt bei Nacht bedeuten, dass die Existenz bei Tage noch von der in der Nacht getrennt ist. Die geschlechtliche Entwicklung ist noch nicht vollendet; der glückliche Ausgleich zwischen „Es" und „Über-Ich" nach Freud noch nicht gelungen. Diesen Ausgleich kann man nicht erzwingen, er wird irgendwann kommen. Das Mädchen in dem norwegischen Märchen folgt aber nicht dieser Erkenntnis. Sie will trotz aller Warnungen vor den üblen Folgen den Dingen auf den Grund gehen. Damit stört ihre Neugier die harmonische Entwicklung. Sexualität ohne Hingabe und Liebe ist nicht möglich. Erst wenn beide Partner gleichberechtigt sind und ihre sexuelle Entwicklung erfolgreich abgeschlossen haben, können sie glücklich miteinander werden.

Dieses Märchen spielt in dem Jugendbuch von Torill Eide eine besondere Rolle. In der Form des Märchens macht Ingri ihre ersten Erfahrungen mit der Sexualität, unbewusst zwar, aber im Bild verständlich. Als Ingri nachts im Bett liegt, weiß sie plötzlich,„warum das Mädchen im Märchen kein Licht machen darf, um den Prinzen anzusehen. Es ist, weil er nackt ist. Es muss dunkel sein, damit sie ...*es* ...nicht sieht, nicht bemerkt. [...] Warum ist es so gefährlich, dass man dieses Gewisse weder sehen darf – noch das Wort laut aussprechen?"(S. 24)

Als Ingri im 8. Kapitel ihrem „Märchenprinzen" Ulrich seine Islandjacke zurückbringt und sich zum Aufwärmen zu ihm ins Bett legt, geht es ihr wie dem Mädchen im Märchen. Sie betrachtet Ulrich, beugt sich über ihn, fast schon ein Kuss, knipst schließlich die Lampe an, um ihn genau zu sehen. Sie bewundert seinen Körper, aber Ulrich schüttelt den Kopf und sagt: „Das hättest du nicht tun sollen!" Und Ingris Antwort lautet: „Ich wollte dich nur sehen. Es war so finster. Viel zu finster." (S. 161)

Ingri will unbedingt die Beziehung, auch die sexuelle, zu Ulrich. Aber ganz offensichtlich scheitert ihr Versuch, die Ereignisse zu beschleunigen. Sie schläft zwar mit Ulrich, weil sie ihn überrumpelt hat, aber aus ihrer Beziehung kann nichts werden. Ihr bleibt die Verletzung, als Ulrich sie verlässt, die Verzweiflung, das Gefühl, wie ein Stein zu sein; ihr bleibt das Kind, dessen Vater möglicherweise Ulrich ist. Ingri hat die Botschaft des Märchens nicht verstanden. Sie will zu früh alles – deswegen scheitert sie. Das Märchen wird damit zum literarischen Spiegelbild von Ingris Geschichte; es verdichtet sie und überhöht sie ins Symbolische.

Zur literarischen Verdichtung gehören auch die zahlreichen Symbole, die Torill Eide in ihrem Jugendbuch verwendet. Diese Symbole sind meist märchenhaften Ursprungs und passen daher gut in diesen Adoleszenzroman, z.B. Wald und Stadt, das Wasser, die Biber und die Biberburg und die Rose, auf die ich zum Abschluss noch etwas näher eingehen möchte.

Mit „Oktoberrose" ist das vierte Kapitel überschrieben, in dem Ingris adoleszentes Dilemma deutlich wird. Die Oktoberrose ist die letzte, die vom Sommer noch übrig geblieben ist, „immer noch Knospe, aber so schwellend im Sonnenlicht, dass Ingri den goldenen Ton an der Spitze sehen kann. Sie kauert sich nieder, fühlt, dass die Knospe in ihren Händen lebt, dass sie fest und doch weich ist. Es ist eine trotzige Blume, eine, die nicht an den Herbst glauben will. Aber sie zittert, als Ingri sie loslässt." (S. 89)

Der Leser weiß, dass diese Rose nicht mehr aufblühen wird, dass ihr dazu die Kraft fehlt. Sie ist zwar trotzig, muss aber letztlich dem Herbst unterliegen. Ihr Zittern deutet ihr „Sterben" an.

Die Schutzlosigkeit dessen, der zur Unzeit zur Blüte kommt, und die Unmöglichkeit, ihn vor dem Tode zu bewahren, werden im Symbol der Oktoberrose versinnbildlicht und literarisch verdichtet.

Es ist deutlich geworden, dass dieses Jugendbuch mit einer Fülle von inneren und äußeren Verknüpfungen ausgestattet ist, die z.T. erst bei wiederholtem Lesen erkennbar werden. Und jedes erneute Lesen bringt neue Verknüpfungsmöglichkeiten hervor. Meine Studentin Andrea König, die über diesen Roman ihre Examensarbeit geschrieben hat, beschreibt das sehr treffend: „Alles wirkt ineinander verzahnt und wie von selbst passend, einander ergänzend, wie ein großer Kreis voller Lebendigkeit und Vielschichtigkeit, der am Ende geschlossen wird, ohne endgültig abgeschlossen zu sein." (König 1998, S. 87)

Zusammenfassung der Ergebnisse

Die Hamburger Literaturwissenschaftlerin Dagmar Grenz, deren Forschungsschwerpunkt die Kinder- und Jugendliteratur ist, stellte 1990 die These auf:

„Der jugendliterarische Adoleszenzroman erreicht trotz seiner Annäherung an den Adoleszenzroman der Erwachsenenliteratur nicht dessen Polyvalenz und Radikalität [...]. Seine Modernität ist im Vergleich zu jenem immer nur eine gemäßigte." (Grenz 1990, S. 199)

Dagmar Grenz untermauert ihre These am Schluss ihrer Untersuchung, nachdem sie die klassischen Adoleszenzromane von „Werther" über Hesses „Unterm Rad", Salingers „Fänger im Roggen" bis Plenzdorfs „Neue Leiden..." mit jugendliterarischen Adolszenzromanen verglichen hat, mit folgenden Argumenten:

„Der jugendliterarische Adoleszenzroman ist insgesamt traditioneller erzählt; er weist eine Tendenz zu größerer Eindeutigkeit und zur Harmonisierung auf; keiner der zeitgenössischen Adoleszenzromane für Jugendliche erreicht wahrscheinlich den Rang der Adoleszenromane der intentionalen Erwachsenenliteratur. Dagmar Grenz weist deswegen der jugendliterarische Adoleszenzliterateratur den Rang von ‘anspruchsvoller Unterhaltungsliteratur‘ zu". (Grenz 1990, S. 208-209)

Die Jugendbuchkritiker und –forscher – so das abschließende Urteil von Dagmar Grenz – sollten sich dieses Unterschiedes stets bewusst sein und ihn nicht ausblenden.

Sieht man sich die jugendliterarischen Adoleszenzromane der Gegenwart genauer an – wie wir das hier getan haben – , wird eindeutig erkennbar, dass das Urteil von Dagmar Grenz für zahlreiche Texte nicht mehr zutrifft. Die Autorinnen und Autoren haben vielfach die modernen Formen des Erzählens übernommen und in ihren Texten angewendet. Das wird erkennbar an der häufigen Verwendung der Ich- und personalen Erzählsituation mit allen ihren bei Stanzel aufgeführten Formen des inneren Erzählens: dem inneren Monolog, der erlebten Rede, dem stream of consciousness. Maria Lypp nennt das den „Blick ins Innere" (1989). Erzählt wird zudem sehr oft auf mehreren Ebenen, die durch zwei verschiedene Drucktypen markiert sind – also ein collageartiges Erzählen. Da diese Erzählebenen nicht schlicht nebeneinander gestellt, sondern miteinander verzahnt und ineinander verwoben werden, haben wir es hier mit sehr komplexen Erzählformen zu tun.

Hinzu kommt, dass die symbolische Verdichtung, die Metaphorik, die Leitmotivtechnik und die Intertextualität von den Jugendbuchautorinnen und –autoren ähnlich souverän gehandhabt werden wie in der Erwachsenenliteratur. Thomas Mann sagte einmal im Kontext seiner Erzählung „Der Tod in Venedig": dass nur das Beziehungsreiche das Bedeutungsvolle sei. D.h., nur über das Beziehungsreiche ist in einem literarischen Werk tiefere Bedeutung zu verwirklichen.

Dass die jugendliterarischen Adoleszenzromane der Gegenwart nicht mehr zu schlichter Eindeutigkeit tendieren, wird durch diese erzähltechnischen Befunde bestätigt. Die Leser sind massiv herausgefordert, sich mit den Aussagen der Texte auseinander zu setzen, sie zu entschlüsseln und ihre Polyinterpretatibilität und Unschärfe auszuhalten.

Dass die jugendliterarischen Adoleszenzromane der Gegenwart zudem harmonisierend angelegt seien, kann nicht mehr ernsthaft behauptet werden, denn der jugendliterarische Adoleszenzroman der Gegenwart kennt – wie wir gesehen haben – keine Tabus und keine Schonräume mehr. Da die jugendlichen Protagonisten in den Texten oft an die Grenze ihrer Existenz geführt werden, ähnlich wie in der intentionalen Erwachsenenliteratur, und dass ihr Scheitern keineswegs ausgeschlossen, sondern in ganzer Härte und Schonungslosigkeit dargestellt wird, haben wir an den Textbeispielen gesehen, die ich Ihnen vorgestellt habe. Von ernsthaften Kritikern kommt sogar der Vorwurf, ob dieses in den jugendliterarischen Adoleszenzromanen häufig dargestellte Scheitern der Jugendlichen nicht zu negativ, zu frustrierend für die jugendlichen Leser sei. Als Gegenargument kann hier angeführt werden, dass nur in existentiellen Situationen die Frage nach der Selbstfindung der Jugendlichen überzeugend gestellt und beantwortet werden kann.

Damit erübrigt sich auch die Auseinandersetzung mit dem Vorwurf von Dagmar Grenz, bei den jugendliterarischen Adolesenzromanen der Gegenwart handle es sich lediglich um „anspruchsvolle Unterhaltungsliteratur". Wie in allen Bereichen der Literatur – der Erwachsenen- wie der Jugendliteratur – gibt es literarisch sehr unterschiedlich anspruchsvolle Texte; die sogenannte „Höhenkammliteratur" steht der Unterhaltungs- und der Trivialliteratur gegenüber. Wenn man Vergleiche anstellt, sollte man deswegen immer die Texte miteinander vergleichen, die auf derselben literarischen Werteskala angesiedelt sind.

Und noch ein Letztes: Ein Jugendbuchkritiker hat einmal hinsichtlich der Erwachsenen- und Jugendliteratur etwas überspitzt formuliert, dass in Deutschland die Texte zur Jugendliteratur gehören, die in einem Jugendbuchverlag erscheinen. Der Adoleszenzroman „Kamalas Buch" von Inger Edelfeldt, einer schwedischen Autorin, ist in ihrem Heimatland als Erwachsenenliteratur auf den Markt gekommen, bei uns in Deutschland in einem Jugendbuchverlag. Wir beobachten heute zudem, dass erwachsene Leserinnen und Leser zunehmend mehr zur Jugendliteratur als Lesestoff greifen, weil diese Autorinnen und Autoren noch „richtige Geschichten" schreiben und zugleich literarisch anspruchsvoll erzählen. In der Forschung spricht man diesbezüglich von „All-Age-" oder von „Cross-Over-Literatur" – einer Literatur also, die für alle Altersstufen gedacht ist. Dass die Verlage diesem Trend folgen, ihn sogar unterstützen, kann man allein daran erkennen, dass der jüngste „Harry-Potter"-Band in zwei verschiedenen Ausgaben erschienen ist: einer für Jugendliche und einer für Erwachsene, erkennbar am unterschiedlichen Cover. Ebenso hat das neueste Jugendbuch von Cornelia Funke „Tintenherz" Erwachsene wie Jugendliche in ihren Bann geschlagen.

Wenn es uns gelingt, diese anspruchsvolle Jugendliteratur auch im Literaturunterricht der Schule, auch des Gymnasiums und auch der gymnasialen Oberstufe, zu verankern, dann haben wir viel für die Leseförderung erreicht, denn vor allem diese Texte können die Jugendlichen thematisch ansprechen, weil ihre spezifischen Probleme verhandelt werden, und zwar auf literarisch-anspruchsvollem Niveau.

Literatur

Primärliteratur (Texte, die im Vortrag erwähnt werden)

Eide, Torill: Östlich der Sonne – Westlich des Monds. Mödling-Wien: Verlag St. Gabriel 1994 (aus dem Norwegischen von Senta Kapoun; 1993 in Norwegen)(dtv pocket plus 78121)

Grass, Günter: Katz und Maus. Reinbek: Rowohlt Taschenbuch 1963 (rororo 572)

Kordon, Klaus: Hundert Jahre und ein Sommer. Roman. Weinheim/Basel: Beltz 1999 (Beltz TB).

Krauß, Irma: Kurz vor morgen. Aarau/Frankfurt a. M./ Salzburg: Aare 1999

Lange, Alexa Hennig von: Relax. Reinbek: Rowohlt 1999 (rororo 22494)

Lebert, Benjamin: Crazy. Köln: Kiepenheuer & Witsch 1999 (KiWi 537)

Lenz, Siegfried: Arnes Nachlaß. Roman. Hamburg: Hoffmann und Campe 1999 (dtv TB 12915)

Lieshout, Ted van: Bruder. Roman. München: Midelhauve 1999 (aus dem Niederländischen von Mirjam Pressler; 1996 in den Niederlanden)

Littke, Lael: Mein zweites Ich. Hamburg: Cecilie Dressler 2000 (aus dem Amerikanischen von Fred Schmitz; 1998 in den USA)

Plenzdorf, Ulrich: Die neuen Leiden des jungen W. Frankfurt/M.: Suhrkamp 1973 (st 300)

Salinger, Jerome D.: Der Fänger im Roggen. Köln: Kiepenheuer & Witsch 1954 (rororo 851, KiWi 16; aus dem Amerik. von Heinrich Böll; 1951 in den

USA) Neue Übersetzung von Eike Schönfeld. Reinbek: Rowohlt TB 2004

Sandberg, Kristina: Untergehen kannst du nicht. Hamburg: Friedrich Oetinger 2000 (aus dem Schwedischen von Angelika Kutsch; 1997 in Schweden)

Wolf, Christa: Nachdenken über Christa T. Hamburg/Zürich: Luchterhand Literaturverlag 1991 (Ersterscheinung: Halle: Mitteldeutscher Verlag 1969)

Sekundärliteratur

Ewers, Hans-Heino: Adoleszenzroman und Jugendliteratur – einige grundlegende Überlegungen in geschichtlicher Perspektive. In: Mitteilungen des Instituts für Jugendbuchforschung 1991, H.1, S. 6-11. Dieser Aufsatz ist identisch mit: Ewers, Hans-Heino: Der Adoleszenzroman als jugendliterarisches Erzählmuster. In: Deutschunterricht 1992, H. 6, S. 291-298

Ewers, Hans-Heino (Hrsg.): Jugendkultur im Adoleszenzroman. Jugendliteratur der 80er und 90er Jahre zwischen Moderne und Postmoderne. Weinheim / München: Juventa 1994

Ewers, Hans-Heino: Zwischen Problemliteratur und Adoleszenzroman. Aktuelle Tendenzen in der Belletristik für Jugendliche und junge Erwachsene. In: Informationen des Arbeitskreises für Jugendliteratur 1989, H. 2, S. 4-23

Festschrift für Wilhelm Steffens. Baltmannsweiler: Schneider 2001 (Didaktik der Kinder- und Jugendliteratur; Bd. 1; auch im Internet unter: www.blueprint-blaupause.de)

Freese, Peter: Die Initiationsreise. Studien zum jugendlichen Helden im modernen amerikanischen Roman mit einer exemplarischen Analyse von J. D. Salingers „Catcher in the Rye". Neumünster: Karl Wachholz 1971. (Neuauflage: Tübingen: Stauffenburg 1998)

Gansel, Carsten: Moderne Kinder- und Jugendliteratur. Ein Praxishandbuch für den Unterricht. Berlin: Cornelsen Verlag Scriptor 1999 (Adoleszenzroman S. 103-132). Fast identisch mit: Gansel, Carsten: Der Adoleszenzroman. Zwischen Moderne und Postmoderne. In: Lange 2002, Bd. 1, S. 359-398

Grenz, Dagmar: Jugendliteratur und Adoleszenzroman. In: Ewers, Hans-Heino/Lypp, Maria/Nassen, Ulrich (Hrsg.): Kinderliteratur und Moderne. Ästhetische Herausforderungen der Kinderliteratur im 20. Jahrhundert. Weinheim/ München: Juventa 1990, S. 197-212

Hurrelmann, Klaus: Lebensphase Jugend. München: Juventa 1994

Kaulen, Heinrich: Fun, Coolness und Spaßkultur. Adoleszenzromane der 90er Jahre zwischen Tradition und Postmoderne. In: Deutschunterricht (Berlin) 1999b, H. 5, S. 325-336

Kaulen, Heinrich: Jugend und Adoleszenzromane zwischen Moderne und Postmoderne. In: 1000 und 1 Buch 1999a, H. 1, S. 4-12

König, Andrea: Gibt es einen weiblichen Adoleszenzroman? Eine Untersuchung am Beispiel von „Östlich der Sonne – Westlich des Monds" von Torill Eide. Examensarbeit im Rahmen der 1.

Staatsprüfung für das Lehramt an Grund- und Haupt-schulen. Braunschweig 1998 (unveröffentlicht)

Lange, Günter: Adoleszenzroman. In: Franz, Kurt/Lange, Günter/Payrhuber, Franz-Josef (Hrsg.): Kinder- und Jugendliteratur. Ein Lexikon. Meitingen: Corian ab 1995 (3. Erg.-Lfg. 1997, S. 1-22)

Lange, Günter: Charlotte Kerner *Blueprint. Blaupause.* Ein jugendliterarischer Adoleszenzroman in der Sciencefiction-Welt. In: Cromme, Gabriele/Lange, Günter (Hrsg.): Kinder- und Jugendliteratur. Lesen – Verstehen – Vermitteln

Lange, Günter: Erwachsen werden. Jugendliterarische Adoleszenzromane im Deutschunterricht. Grundlagen – Didaktik – Unterrichtsmodelle Baltmannsweiler: Schneider 2000 (Deutschdidaktik aktuell, Bd. 6)

Lange, Günter (Hrsg.): Taschenbuch der Kinder- und Jugendliteratur. 2 Bände. Baltmannsweiler: Schneider 3. Aufl. 2002

Lypp, Maria: Der Blick ins Innere. In: Grundschule 1989, H. 1, S. 24-27

Oerter, Rolf/Dreher, Eva: Jugendalter. In: Oerter, Rolf/Montada, Leo (Hrsg): Entwicklungspsychologie. Weinheim: Psychologische Verlags Union 4. Aufl. 1998, S. 310-395

Scheiner, Peter: Realistische Kinder- und Jugendliteratur. In: Lange 2002, Bd. 1, S. 158-186

Steffens, Wilhelm: Moderne Formen des Erzählens in der Kinder- und Jugendliteratur der Gegenwart. In: Lange 2002, Bd. 2, S. 844-861

Steffens, Wilhelm: Der psychologische Kinderroman. In: Franz, Kurt/Lange, Günter/Payrhuber, Franz-Josef (Hrsg.): Kinder- und Jugendliteratur. Ein Lexikon. Meitingen: Corian 1995ff. (5. Erg.-Lfg. Februar 1998, S. 1-21)

Steffens, Wilhelm: Der psychologische Kinderroman. – Entwicklung, Struktur, Funktion. In: Lange 2002, Bd. 1, S. 308-331

Herbert Stangl

Mensch, menschlich, Menschenskind

Variationen über das Thema ‚Mensch' in preisge-
krönten Kinder- und Jugendbüchern

Wenn wir unsere Sprache – und die ist bekanntlich
verräterisch! – nach ihrer Meinung über den Menschen befragen, erhalten wir Hinweise von verwir-
render Widersprüchlichkeit:

Wir sagen, jemand sei ein *„wirklicher Mensch"* oder
„wirklich ein Mensch" und drücken damit aus, wie
sehr wir ihn schätzen und achten. Ich betone, ich bin
„auch nur ein Mensch" und appelliere damit an die
Nachsicht meiner Mitmenschen. In unserem Staat
„menschelt" es allenthalben, oft geht es *„recht"*
menschlich, nur manchmal auch *„echt"* menschlich
zu. Und wenn ich *„Menschenskind"* ausrufe, so
klingt es in entsprechendem Zusammenhang wie ein
Vorwurf oder ist, anders artikuliert, Ausdruck des
Erstaunens.

Wir könnten dieses Spiel noch eine Zeit lang fortset-
zen, aber es zeigt uns jetzt schon: Was ein Mensch
ist, das lässt sich gar nicht so leicht sagen. Wenn dieser sprachliche Facettenreichtum ein Menschenbild
anzeigt, dann ist es ein nüchternes, ja ein ernüchtern-
des: der Mensch, ein im Tiefsten widersprüchliches
Wesen (wofür eine unübersehbare Fülle literarischer
und wissenschaftlicher Zeugnisse steht; der Theologe Emil Brunner etwa, in entscheidenden Punkten

ein Antipode seines Zeitgenossen Karl Barth, stellte seine große theologische Anthropologie unter den Titel *„Der Mensch im Widerspruch"*, unfertig, offen nach allen Seiten, Gott oder Teufel (Angelus Silesius), Glanz und Elend (Pascal), *„aus krummem Holze gemacht"* (Immanuel Kant[1]) oder, gut biblisch: ein Geschöpf aus Ebenbild und Erdenstaub.[2]

Dieses Gebrochene, dieses Zu-allem-fähig-sein, *„Größe und Grenze des Menschseins"*[3] beschreibt MATTHIAS CLAUDIUS (1783) in poetischer Eindringlichkeit:

Der Mensch
Empfangen und genähret
Vom Weibe wunderbar
Kömmt er und sieht und höret,
Und nimmt des Trugs nicht wahr;
Gelüstet und begehret,

---

[1] „Aus so krummem Holze, als woraus der Mensch gemacht ist, kann nichts ganz Gerades gezimmert werden" (in: Idee zu einer allgemeinen Geschichte in weltbürgerlicher Absicht, 1784). – Unter den zahlreichen Zeugnissen für diese Erkenntnis besonders eindrücklich Hans Jonas: „Denn man muß sich damit abfinden, dass es eine eindeutige ‚Natur' des Menschen nicht gibt; dass er zum Beispiel von Natur (‚an sich') weder gut noch schlecht ist: er hat die *Fähigkeit* zum Gut- *oder* Schlechtsein, ja, zum einen *mit* dem andern – und *dies* allerdings gehört zu seinem ‚Wesen'. Zwar sagt man von den großen Bösewichtern, sie seien ‚Unmenschen', aber nur Menschen können Unmenschen sein und sie offenbaren die Natur ‚des' Menschen nicht weniger als die großen Heiligen." (Das Prinzip Verantwortung. Frankfurt/Main, 1979. S. 384f.)

[2] Vgl. Gen 1,26; Gen 2,7; Ps 103,14 und viele weitere Zeugnisse

[3] So der Klagenfurter Bischof Egon Kapellari zu Claudius' Gedicht, in: Aber Bleibendes stiften die Dichter. Graz [u.a.], 2001. S. 51

Und bringt sein Tränlein dar;
Verachtet, und verehret;
Hat Freude, und Gefahr;
Glaubt, zweifelt, wähnt und lehret,
Hält Nichts, und Alles wahr;
Erbauet, und zerstöret;
Und quält sich immerdar;
Schläft, wachet, wächst, und zehret;
Trägt braun und graues Haar .
Und alles dieses währet,
Wenn's hoch kommt, achtzig Jahr.
Denn legt er sich zu seinen Vätern nieder,
Und er kömmt nimmer wieder.[4]

Das ist das Menschenbild der Literatur. Der Kinder-
und Jugendliteratur ebenso wie jener für Erwachsene. Wenn über meinem Referat steht „*Variationen
über das Thema Mensch*" so enthält dies eine Feststellung, geradezu eine Banalität: Nichts anderes ist
Literatur (von Randerscheinungen vielleicht abgesehen) als eine ewige Folge von Variationen über das
eine und ewige Thema. Sogar Tierbücher erzählen
letztlich von Menschen und ihren Schicksalen.
Nichts anderes können Menschen erzählen. Mithin
ist in der Literatur der Mensch sein eigenes Thema.
Er variiert sich selbst. Er schaut in den Spiegel. Er
betrachtet, quasi von allen Seiten, sein eigenes Bild.

Damit könnten wir es gut sein lassen. Aber sind wir
damit zufrieden? Lässt sich der Terminus „Menschenbilder" im Titel der Tagung auch weniger naiv
verstehen? Etwa im Sinne einer Seins- oder Wesens-
aussage oder einer ethischen Sollensaussage, als eine

---

[4] Ausgewählte Werke. Hrsg. v. Walter Münz. Stuttgart, 1990.
S. 164

Art Zielvorstellung, ein Leitbild, dem Menschen sich annähern sollten? Gewiss, − aber dürfen wir derartige Aussagen von Literatur, einem im Wesentlichen deskriptiven Medium, erwarten (wir sprechen von belletristischer Literatur!)? Literatur zeigt uns, *wie* der Mensch ist − zeigt sie uns auch, *was* er ist?

Vielleicht gibt es einen dritten Weg. Für mein Referat gehe ich von folgenden Überlegungen aus (und damit gebe ich auch meinem Stoff eine klare Begrenzung): Neben den allgemeinen Kinder- und Jugendliteraturpreisen, die allein den Gedanken der Literatur- und Leseförderung verfolgen, gibt es eine Anzahl weiterer Preise, die zugleich (oder primär) eine inhaltliche Zielsetzung haben, ohne dabei freilich den literarisch-ästhetischen Aspekt vernachlässigen zu wollen. Diese themenorientierten Preise stellen sich in den Dienst der Vermittlung sozialer, politischer oder religiöser Werte. Ist es weit hergeholt, in diesen Zusammenhängen Handlungssituationen zu erwarten, in denen Menschen zu besonderem Einsatz, zur Entwicklung von Fähigkeiten, von Ziel- und Wertvorstellungen herausgefordert werden? Dass sie zeigen, was sie eigentlich antreibt und welche Projektionen sie verfolgen? Kann es sein, dass Literatur, einfach indem sie von solchen Möglichkeiten erzählt, nicht nur beschreibt, wie Menschen sein *können*, sondern auch etwas von dem verrät, wie sie sein *wollen* und *sollen* (oder *sollten*)?

Folgende sieben Preise bilden den Hintergrund meines Referates (in alphabetischer Reihenfolge)[5]:

---

[5] Die folgenden Daten nach „Informationen zum Kinder- und Jugendbuch...", hrsg. von der Arbeitsgemeinschaft von Jugendbuchverlagen r.V. (avj), 5. Ausg. 2002, Frankfurt:

Der **Gustav-Heinemann-Friedenspreis für Kinder- und Jugendbücher**, den das Ministerium für Arbeit und Soziales, Qualifikation und Technologie des Landes NRW für Werke vergibt, die der *Friedenserziehung* dienen.

Der **Heinrich-Wolgast-Preis** der Gewerkschaft Erziehung und Wissenschaft (GEW) für Kinder- und Jugendbücher, die sich in beispielhafter Weise mit Problemen der *Arbeitswelt* befassen.

Der **Katholische Kinder- und Jugendbuchpreis** der Deutschen Bischofskonferenz für Werke, die *religiöse Erfahrungen und christliche Lebenshaltungen* verdeutlichen.

Der **Kinderbuchpreis des Ausländerbeauftragten des Senats von Berlin**, der in unregelmäßigen Abständen für ein jeweils eigens formuliertes Thema verliehen wird, das jedoch stets die *Völker- und Kulturenverständigung* im Blick hat.[6]

Das **Rote Tuch**, ein jährlich vom Landesverband der Berliner SPD[7] vergebener Jugendmedienpreis, der häufig für literarische Werke verliehen wird und dessen Ziel es ist, *demokratische Einstellungen zu fördern* und gegen neofaschistische und antidemokratische Tendenzen zu immunisieren.

Die **Silberne Feder**, der Jugendbuchpreis des Deutschen Ärztinnenbundes für Bücher, die – in einem

---

Buchhändler-Vereinigung GmbH, 2002. – Außerdem wurden mir per E-Mail von den Preis verleihenden Institutionen aktuelle Informationen zur Verfügung gestellt.

[6] Der „Beauftragte für Migration und Integration des Senats von Berlin" vergibt jährlich eine Auszeichnung („Integrationspreis"), der jedoch nur gelegentlich ein Literaturpreis ist.

[7] Genauer: vom SPD-Kreisverband Charlottenburg-Wilmersdorf in Verbindung mit dem Landesverband der Berliner SPD.

weiten Sinne – der Auseinandersetzung mit *Krankheit und Behinderung* dienen.

Der **UNESCO-Literaturpreis für Toleranz** schließlich für Kinder- und Jugendbücher, die den *Toleranzgedanken* fördern und es jungen Lesern ermöglichen, andere Völker und Kulturen besser zu verstehen.[8]

Die von diesen sieben Preisinstitutionen seit etwa 1995 ausgezeichneten Kinder- und Jugendbücher sind mein „Untersuchungsmaterial"; wirklich eingehen kann ich aber verständlicherweise nur auf wenige Titel.

Mir geht es – das sei eigens betont! – nicht darum, die Preisinstitutionen und Preise an sich vorzustellen, die Juryentscheidungen zu kommentieren oder die Preisbücher „rundum" zu analysieren. Ich erhebe nicht einmal den Anspruch, die zentralen Aussagen der zitierten Bücher zu treffen, geschweige denn ihre literarischen Qualitäten zu würdigen. Ich muss mich darauf beschränken, themenbezogene Motive entsprechend meiner vorhin geäußerten Erwartung herauszustellen. Meine (sehr begrenzte) Frage könnte etwa lauten: Wo begegnen mir Menschen, die durch ihr Menschsein überzeugen, es in authentischer Weise verwirklichen, vielleicht verteidigen? Was treibt sie an, was riskieren sie? Und: zeigen sich da, ohne dass das explizit deklariert würde, vielleicht Kontu-

---

[8] Es ist der einzige hier genannte Jugendliteraturpreis, der in einem internationalen Rahmen, also unter Umständen auch für fremdsprachige Titel vergeben wird. Die nationalen UNESCO-Kommissionen steuern Vorschläge bei. Fremdsprachige Bücher, die mit dem Preis ausgezeichnet werden, erscheinen in der Regel umgehend auch in deutscher Übersetzung.

ren, oder meinetwegen Bausteine, eines Menschenbildes? Natürlich räume ich gerne ein, dass hinter einer solchen Interpretation ein Vorverständnis steckt über das, was Menschsein bedeutet; aber ebenso sind es textimmanente Kriterien, die die Legitimität einer Interpretation stützen: der Stellenwert, den der Autor einer Figur gibt, ihre Charakterkonturen, ihre Bedeutung im Handlungsganzen, ihr „ideelles Gewand".

Wer nun befürchtet, meine Blickverengung könne nur zu einer realitätsfernen Idealisierung führen, der mag sich überraschen lassen von der Entdeckung, wie grau, ja oftmals düster der Alltag und die Umstände sind, in denen (um es ganz banal zu sagen) Menschen ihre besten Seiten entwickeln. Wie Humanität sich aus Herausforderungen und Konflikten entfaltet. Wie das Menschliche zuweilen gleichsam „durch die Hintertür" kommt.

Ich wähle für unsere Betrachtungen sieben Motivkomplexe. Und weil die Autoren ihre Geschichten nicht an abstrakten Themen, sondern an Menschen entlang schreiben, gebe ich ihnen Namen.

La Vaughn – oder: Karriere oder Solidarität

La Vaughn, Schülerin, 14, einzige Tochter ihrer nach dem frühen Tod des Vaters allein erziehenden Mutter, weiß, was sie will: die einfachen Verhältnisse in einer monströsen, gesichtslosen Großstadtsiedlung, in der sie aufwächst, hinter sich lassen, aufs College gehen, aufsteigen, Karriere machen.

*Ich werde in einem Büro arbeiten und Jacketts wie
alle anderen tragen, ich werde einen eigenen Akten-
schrank haben und auch einen Schreibtisch mit einem Kalender, in dem man seine Termine in Käst-
chen einträgt, und alle werden sagen: 'Oh, das ist La
Vaughns Abteilung'", und ich werde nie wieder einen Ort wie den hier sehen.*[9]

Für ihren filmreifen Zukunftstraum ist La Vaughn
sogar bereit, zwei Dinge zu tun, die nicht unbedingt
zu den Herzensangelegenheiten 14-Jähriger gehören:
in der Schule hart zu arbeiten und Geld dazu zu verdienen. Ohne diesen Beitrag wird nichts daraus. Das
macht ihr die Mutter unmissverständlich klar.

Am schwarzen Brett der Schule findet La Vaughn
ein Angebot: Babysitter dringend gesucht. Das liegt
ihr und es bleibt auch Zeit für die Hausaufgaben.

Es erwartet sie eine chaotische Kleinfamilie in einer
verwahrlosten Wohnung: Baby und Kleinkind samt
17-jähriger Mutter, die mit dem Versuch, sich um die
Kleinen zu kümmern und zugleich ihren Nacht-
schicht-Job in einer Fabrik zu behalten, völlig überfordert ist. Jilly, Jeremy und Jolly. La Vaughn würde
am liebsten gleich wieder gehen.

*Ich könnte immer noch Nein sagen [...] Aber dann
sagt Jolly: „Ich schaff es nicht mehr allein, verstehst
du...[...] Und während ich zuhöre und mir heimlich*

[9] Virginia E. Wolff: Wenn dir das Leben eine Zitrone gibt,
mach Limonade draus. München, 1999. S. 26. – Ein Fortset-
zungsband, der die weitere Entwicklung der dann 15-
jährigen La Vaughn erzählt, ist unter dem Titel „Fest dran
glauben" erschienen (München: Hanser, 2003)

das Chaos ringsum ansehe, passiert etwas Erstaunliches: Jeremy nimmt meine Hand, er greift zur gleichen Zeit nach meinen Fingern, als Jolly zum dritten Mal sagt: Ich schaff es nicht allein."[10]

Und damit beginnt eine Entwicklung, die zu tiefgreifenden Verschiebungen in La Vaughns Wertgefüge führt. Was La Vaughn will (wollte), ist: Geld verdienen. Was sie schließlich tut, ist: Verantwortung übernehmen.

VIRGINIA WOLFF, die Autorin des Romans *„Wenn dir das Leben eine Zitrone gibt, mach Limonade daraus"* (1993, dt. 1999), ausgezeichnet mit dem „Heinrich-Wolgast-Preis", lässt La Vaughn äußerst differenziert von ihrem Motivationswandel erzählen. Was hier so einfach klingt, wird glaubwürdig, weil es (1) als langwieriger und komplexer Prozess verläuft, der (2) nicht ohne innere und äußere Krisen abgeht und (3) nicht einfach das eine Motiv (Geldverdienen) durch das andere (Verantwortung übernehmen) ersetzt, sondern beides zusammenbringt, aber gleichsam (nur?) die Gewichte verschiebt. La Vaughns Blick auf sich selbst weitet sich zum Blick auf andere. Der Job, zunächst nur Mittel zum Zweck, wird immer mehr zu einer Aufgabe mit eigenem Gewicht.

Je mehr La Vaughn sich auf die beiden anhänglichen Kleinen und deren durch Herkunft und Vorgeschichte aus der Bahn geworfene Mutter einlässt und die Bedingungen ihrer Situation durchschaut, um so entschiedener sogar fixiert sie ihr eigenes Ziel: einen

---

[10] S. 11

sozialen und beruflichen Aufstieg zu schaffen. Gleichzeitig aber sieht sie, mit welcher Kraft, und zugleich hilflos, sich diese Menschen gegen ihr Schicksal stemmen, und ist berührt von der innigen Menschlichkeit, die sie in dieser „regellosen" Familie beobachtet. Sie schaut genau hin und entdeckt menschliche Qualitäten, wo sich an der Oberfläche nur ein heilloses Durcheinander zeigt. Die Szene etwa, als das verschmierte Baby Jilly zum ersten Mal quer über den Boden robbt und mit Staubflusen im Mund in den Armen seiner Mutter landet, kommentiert sie so:

Ich sehe Jilly und ihre Mutter, als hätten sie andere Gesichter, als wären sie Menschen, die ich nie zuvor sah, sie sitzen auf dem Boden, aneinander geklammert mit aller Kraft.[11]

Solche Entdeckungen des Menschlichen, des Warmen und Wertvollen, im sozial und charaktermäßig Andersartigen, mögen es sein, die La Vaughn befähigen durchzuhalten, Solidarität zu beweisen und Ideen zu entwickeln, die – mit Hilfe von außen – zumindest ein Stück weit aus der Misere herausführen. La Vaughn selbst wird eine andere, indem sie die *„anderen Gesichter"* dieser Menschen wahrnimmt, die sie bisher eher betreut, vielleicht für die eigenen Ziele gebraucht hat.

---

[11] S. 133

Samir und Jonathan – oder: der Traum von Versöhnung

Beim Wiederlesen des mehrfach belobigten, u.a. mit dem „Kinderbuchpreis des Ausländerbeauftragten des Senats von Berlin" ausgezeichneten Romans *„Samir und Jonathan"* der israelischen Autorin DANIELLA CARMI (1994, dt. 1996) mag einen Wehmut oder sogar Zorn überkommen. Was ist aus den Hoffnungen geworden, auf die die Autorin im Vorwort setzt – mit Berufung auf das kurz vor Erscheinen der Originalausgabe, nämlich im September 1993, unterzeichnete Gaza-Jericho-Friedensabkommen? Dennoch: Die Botschaft bleibt gültig, sie ist zeitlos und allgemein und berührt eine Sehnsucht, ohne die der Mensch nicht leben kann.

Samir ist ein palästinensischer Junge von der „Westbank". Für eine komplizierte Knieoperation – er hatte einen Fahrradunfall – wird er in ein israelisches Krankenhaus gebracht und teilt das Zimmer mit vier jüdischen Kindern, Mädchen und Jungen. Alles ist hier fremd und beängstigend für ihn; selbst die Ruhe, in der alles abläuft, der relative Luxus und die Freundlichkeit, mit der die Pfleger ihn umgeben, haben etwas Verstörendes und machen ihm den Kontrast der beiden Lebenswelten nur um so schärfer bewusst. Samir hängt seinen Gedanken nach, in denen seine in beengten und gefährdeten Verhältnissen lebende Familie eine große Rolle spielt. Er fürchtet sich vor allem, was auf ihn zukommt. Der nervige Zachi, einer der Zimmergenossen, bekommt Besuch von seinem Bruder. Der ist Soldat. Und obwohl Zachis Bruder in seinem lässigen Gehabe so gar nicht Samirs Vorstellungen von einem Soldaten entspricht, beißt sich die quälende Frage in ihm fest: Vielleicht war er es, der meinen Bruder Fadi erschossen hat?

Jonathan ist Samirs Bettnachbar. Sein Vater ist Astronom und er selbst unentwegt in seine Lektüren über Weltall und Sterne vertieft, aus denen er nur auftaucht, um Fantastisches und Sensationelles zu berichten.

Stellt euch vor, wir würden alle Sandkörner auf der Erde zählen, verkündet er eines Abends, als der Strom ausgefallen ist, in die Dunkelheit des Krankenzimmers hinein [...] Wenn wir damit anfingen – obwohl das ja unmöglich ist –, dann würden wir vielleicht verstehen, wie viele Sterne es im Universum gibt, denn es gibt noch viel mehr Sterne als Sandkörner auf der Erde." [...] Er beschreibt ferne Welten, von denen noch nie jemand gehört hat: Welten aus Eis und Gasen, aus Fels und rotem Sand und schwarzen Ozeanen. Welten umgeben von wunderbar bunten Ringen, die wie Edelsteine blitzen. All diese Welten, sagt Jonathan, warten nur auf uns. Nur auf uns. Ich würde ihm ja gern glauben, ... bekennt Samir, der Ich-Erzähler, dem Leser *„aber das ist nicht so leicht. [...] Die Kinder im Zimmer sehen jedoch so aus, als glaubten sie Jonathans Geschichten. Sie schweigen eine ganze Weile. Vielleicht überlegt sich jeder, wie seine Chancen stehen, einmal zu einem dieser Sterne zu gelangen. Jedenfalls liegt eine Ernsthaftigkeit in der Luft, als wäre die Zeit des Unsinnmachens vorbei.*[12]

---

[12] Daniella Carmi: Samir und Jonathan. München, 1996. S. 45-47

Jonathan ist es, der Samir aus seiner Sprachlosigkeit
herausholt, nachts, als sie aus dem Fenster den Ster-
nenhimmel betrachten. *„Kommst du mit mir auf den
Planeten Mars?"[13]*, fragt ein israelischer einen palä-
stinensischen Jungen, dem vor Überraschung und
Freude *„ganz schwindlig"* wird. *„Ich wußte nicht,
was ich sagen sollte."[14]*

Und am Ende des Buches werden Jonathans Visio-
nen von einer anderen Welt Wirklichkeit. Oder bleiben doch Utopie, aber eine starke und heilende? In
einer im Grenzbereich zwischen Realität und Traum
angelegten Szene reisen sie beide zum Mars. Zusammen in *einem* Raumschiff gleiten sie durch das
Weltall, das ebenso voller Gefahren wie Faszinatio-
nen ist, und landen auf der Marsebene *Utopia*. Noch
lässt sich hier nicht leben, aber Jonathan hat einen
Plan, wie man das Universum *renovieren* kann. Samir:

*Am Ufer des blauen Sees, den wir angelegt haben,
stehe ich mit Jonathan, meinem Freund aus dem
Krankenhaus der Juden, und wir renovieren uns eine
neue Welt. Ohne Sorgen. Nichts mehr erscheint uns
unmöglich, jetzt, wo wir zusammen sind.[15]*

Wenn die beiden auch nur ein Computerspiel veran-
stalten, so liegt darin doch eine tiefe Bedeutung. Wie
überhaupt vieles in diesem Buch einen doppelten
Boden, eine symbolische Dimension hat: das ge-
meinsame Kranksein der jüdischen und israelischen
Kinder, die schwierige Versöhnung des kranken

---

[13]   S. 41; ähnlich S. 85
[14]   S. 42
[15]   S. 180

Mädchens Miki mit ihrem Vater, Samirs Mühe, aus einem Klumpen Ton ein Häschen herauszuarbeiten, das dem seines toten Bruders ähnelt

...in diesem Klumpen innen drin ist das Häschen schon da [...] und ich werde es zum Schluß auch ans Licht der Welt bringen. Das ist nur eine Frage der Zeit und der Geduld.[16]

schließlich auch die Schlussszene des Buches: Samir und Zachi, dessen Bruder vielleicht Fadi erschossen hat, pinkeln übermütig gemeinsam in den Sandkasten.

An all das wird er sich erinnern, sagt sich Samir, wenn er wieder zu Hause ist, und er wird es nicht glauben können,

dass es wirklich so gewesen ist. Aber ich werde es glauben wollen. [...] Ich werde mir jeden Tag etwas Neues suchen müssen, um mich daran zu erinnern, dass all das wirklich passiert ist, und nicht nur im Traum.[17]

Sunshine – oder: dem Leben Sinn geben

Zwei Jugendliche unterwegs. Für Joschu, 19, ist es *„ aus und vorbei"*[18]: mit der Liebe zu Karola, die ihn rausschmeißt, mit der Band, die weder für seine bescheidenen Schlagzeugkünste noch für seine genialen Texte weiter eine Verwendung hat.

---

[16] S. 91
[17] S. 190f.
[18] Helene Kynast: Sunshine. Stuttgart, 2002. S. 5

Vielleicht liegt alles, was das Leben zu bieten hat, ja schon hinter mir,[19]

sinniert der Ich-Erzähler und stellt sich an die Autobahnauffahrt, um seinem Lebenschaos nach einem vagen Ziel gen Süden zu entfliehen.

Da heftet sich ihm ein seltsamer Vogel an die Fersen. Sein Outfit – reflektierende Sonnenbrille, orange gefärbte Haare, blaues Sweatshirt mit Sonnenblume drauf und gelb-blau geringelter Schal – trägt ihm bei Joschu den Namen *Sunshine* ein. Auch sein Verhalten wird Joschu manches Rätsel aufgeben; oft scheint er irgendwie abwesend, unzugänglich, auch launisch und unberechenbar. Aber im Gegensatz zu dem desorientierten Joschu weiß Sunshine offenbar ganz genau, was und wohin er will. Halb neugierig, halb wider Willen lässt Joschu sich auf seine Route ein. Amsterdam. Aber nicht der Drogen wegen, wie Joschu mutmaßt, sondern zu van Goghs Bildern. Van Goghs Bilder haben für Sunshine offenbar eine Bedeutung, die weit über künstlerische Gefälligkeiten hinausgeht. Joschu erkennt das spätestens, als er Sunshine im Museum beobachtet:

Er sitzt auf der Bank in der Mitte des Saals [...] Ich folge seinem Blick. Und sehe Ufos [...] Und Milchstraßen! [...] Ein Universum [...] Die Himmelserscheinungen explodieren und ein neues Universum ist geboren: Sternennacht. So heiß das Bild. Unter den Ufos erkenne ich jetzt Häuser, einen Kirchturm und Felder, winzig im Vergleich zu den fantastischen Gestirnen. Hat van Gogh doch den Himmel über uns

---

[19] S. 8

gemalt? Wann hat er ihn so gesehen? Bestimmt nicht nur mit seinen Maleraugen. Mit einem geheimen Wissen vielleicht [...] Links im Bild flackert ein dunkles bewegtes Gebilde wie eine züngelnde Flamme. Ein überdimensionaler Baum, eine Zypresse. Ist sie in der Erde verwurzelt? Vielleicht. Man sieht den „irdischen" Teil nicht. Die Spitze jedenfalls schwingt frei zwischen den Sternen. Als Brücke in eine andere Welt.[20]

Die Spur van Goghs führt die beiden nach Südfrankreich. Unterwegs, irgendwo am Straßenrand bei strömendem Regen, gibt Sunshine den Schlüssel zu seinem Geheimnis preis. Es kommt völlig undramatisch, wie nebenbei. Für Joschu ist es ein verbaler Schlag in die Magengrube. Auch der Leser, von der Autorin auf mancherlei falsche Fährte gelockt, erfährt es erst jetzt. *„Ich werde sterben"*, sagt Sunshine, und: *„Leukämie"*.[21]

Damit, nach gut 140 Seiten, beginnt der dichteste Teil des Romans *„Sunshine"* von HELENE KYNAST (2002), ausgezeichnet mit der „Silbernen Feder" des Deutschen Ärztinnenbundes. Sunshine, der eigentlich Vincent heißt, erzählt seine Geschichte, die Geschichte von Krankheit, zahllosen Untersuchungen und Chemotherapien, barmherzigen Trostlügen und Entmündigungen. Da hat er das große Wort der Ärzte einfach wörtlich genommen: *„Freie Fahrt ins Leben"*[22], und ist abgehauen.

---

[20] S. 108f. – Bezug genommen wird offenbar auf van Goghs Gemälde „Die Sternennacht (Zypressen und Dorf)" von 1889.
[21] S. 141f.
[22] S. 148

„...*wie weit ich komme, ist am Ende vielleicht nicht so wichtig. Wichtig ist, dass ich es überhaupt getan habe.*" *[...] vielleicht, um ihnen zu sagen, dass ich mir solange selbst gehören will, wie es noch geht. Du musst an dich glauben, haben sie gesagt. Genau das tue ich ja. Nur dass mein Ziel viel realistischer ist als ihres.*"[23]

Joschu versucht zu begreifen, was er nicht begreifen kann:

Halb höre ich ihm zu [...], halb schweife ich ab: Wie kann er sich noch so sehr für irgendetwas begeistern, wenn er weiß, dass er bald sterben wird? Wie schafft er das? Woher nimmt er die Energie, das andere zu verdrängen? Verdrängt er es denn? Und warum sage ich ,das andere'? Das andere ist der Tod.[24]

Zwei Jugendliche unterwegs. Der eine auf der Flucht vor sich selbst, der andere auf dem Weg zu sich selbst. Die erreichte Freiheit des todgeweihten Sunshine, der in van Goghs Grenzen sprengenden Farbsymphonien die Türen unseres Existenzgefängnisses gleichsam aufgerissen sieht, pflanzt Joschu, dessen Perspektiven allesamt zusammengebrochen waren, eine neue Lebenssehnsucht ein. *„Angekommen"*, sagt Sunshine, als sich das Meer vor ihnen eröffnet, *„rechts die Lagunen des Rhonedeltas. Das flache Wasser vom Wind gekräuselt, dazwischen Dünen, Weiden, hohes Schilfgras.*"[25]

---

[23] S. 146
[24] S. 147
[25] S. 186

*Eva und Rachel – oder: vom Recht auf den
eigenen Namen*

Warum darf Eva nicht mehr Eva sein, Rachel nicht mehr Rachel? Warum heißt Eva Zilverstijn nun Marie-Louise Dutour, Rachel Hartog nun Ria van Willigen? Und wer gibt ihnen ihre Namen zurück?

Fast das gesamte literarische Schaffen der niederländischen Autorin IDA VOS, die im Jahr 2000 für ihr (bis dahin erschienenes) Lebenswerk mit dem „Roten Tuch", dem Jugendmedienpreis der Berliner SPD, ausgezeichnet wurde, ist eine Abarbeitung eigener schmerzlicher Erinnerungen, eine Auseinandersetzung mit Erfahrungen während der Okkupation der Niederlande durch das nationalsozialistische Deutschland.[26] Die 1931 geborene Autorin lässt den Leser über den autobiografischen Hintergrund nicht im Unklaren.[27] Ich beziehe mich im Folgenden auf die derzeit lieferbaren autobiografischen Romane *„Pausenspiel"*[28] (1996; dt. 2000) und *„ Wer nicht weg ist, wird gesehn"* (1981; dt. 1989). Aus ihnen

---

[26] Vgl. außer den beiden nachfolgend genannten, hier zitierten Titeln die (zur Zeit vergriffenen) Romane „Anna gibt es noch" (dt. 1987), „Auf der Brücke von Avignon" (dt. 1992), „Weiße Schwäne, schwarze Schwäne" (dt. 1997). Sie alle waren bei der Anerkennung des „Lebenswerkes" von Ida Vos mit gemeint.

[27] Vgl. Ida Vos: Pausenspiel, S. 171; Wer nicht weg ist, wird gesehn, S. 7, 187. – Erst in ihrem neuesten Buch „Der lachende Engel" (dt. 2003) scheint sich die Autorin von biografischen Bezügen lösen zu können, ohne freilich „ihre" Grundthematik, das Leiden unter Krieg, Verfolgung und Rassismus, aufzugeben.

[28] „Pausenspiel" setzt die Erzählung der in „Weiße Schwäne, schwarze Schwäne" (dt. 1997) berichteten Erlebnisse der Familie Zilverstijn fort. Beide Bände sind auch unabhängig voneinander lesbar.

greife ich wenige Motive heraus, die ich in Bezug zu meinem Thema bringen möchte.

Der Verlust des eigenen Namens ist das vorläufige Ende einer Eskalation des Schreckens, die in gnadenloser Konsequenz ihren Verlauf nimmt: Jüdische Kinder werden in eine eigene Schule eingewiesen, sie müssen einen Stern tragen, ihre Fahrräder abgeben, dürfen nicht im Park spielen, nur zwischen drei und fünf Uhr einkaufen, nicht das Schwimmbad besuchen, nicht mit der Straßenbahn fahren, nicht auf öffentlichen Bänken sitzen... – *„Immer wieder etwas, das man nicht darf"*[29], konstatiert Rachel und setzt sich *auf den Boden*, um ihre Rollschuhe anzuziehen.

Schließlich der Verlust des Namens. Die Flucht in eine andere Identität. Aber nicht freiwillig, sondern um das Leben zu retten.

Die jüdischen Familien Zilverstijn (in *„Pausenspiel"*) und Hartog (*„Wer nicht weg ist, wird gesehn"*) werden *„Untertaucher"*. Eva und Lisa, die Zilverstijn-Kinder, Rachel und Esther, die Kinder der Hartogs, – beide Konstellationen spiegeln übrigens, was Alter und den etwa dreijährigen Geschwisterabstand angeht, präzise die biografische Situation der Autorin –, bekommen eine neue Geschichte. Gelenkt von geheimnisvollen Freunden aus dem Untergrund führt ihr Weg sie, zunächst mit, dann ohne die Eltern, von Versteck zu Versteck, zu immer neuen Menschen, die für sie eine Zeit lang Tante und Onkel sind.

---

[29] Ida Vos: Wer nicht weg ist, wird gesehn. Hamburg, 2003. S. 52f.

Neben der Trennung von den Eltern ist der Verlust des Namens (bzw. der verordnete Wechsel ihrer Identität) der schmerzlichste und am schwersten begreifbare Eingriff in das Leben der 9- bis 12-jährigen Mädchen.

Menschen haben Namen. Der eigene Name bedeutet Identität, ist Unverwechselbarkeit, heißt: jemand sein. Mit Namen angesprochen werden, zeigt Wertschätzung, Anerkennung. Jemand seinen Namen mitteilen, bedeutet Beziehung aufnehmen. Den eigenen Namen verlieren, heißt am Ende vielleicht: sich selbst verlieren. Das spüren Eva und Lisa in „*Pausenspiel*" ganz intensiv:

...immer wieder müssen sie sich klarmachen, dass sie nicht Eva und Lisa heißen. Wenn der Krieg lange dauert, fangen sie vielleicht noch an zu glauben, dass sie Marie-Louise und Marie-Jeanne heißen, und dann gibt es auf der ganzen Welt keine Eva und keine Lisa Zilverstijn mehr.[30]

Und in „*Wer nicht weg ist, wird gesehn*" erlebt Rachel, alias Ria, Ähnliches:

Oft sagt sie zu sich selbst „Hallo, Rachel", weil sie solche Angst hat, dass sie vergisst, wie sie wirklich heißt. „Guten Tag, Ria van Willigen", sagt sie auch oft zu sich selbst, denn falls sie erwischt würde, müsste sie sofort sagen können: „Ich bin Ria van Willigen und ich wohne Haantje 96 in Gorkum." Sie verabscheut diese Ria. Wenn der Krieg vorbei ist,

---

[30] Ida Vos: Pausenspiel. Frankfurt, 2000. S. 30

wird sie Ria mit einem Tritt in die Ecke befördern. Mit einem sehr festen Tritt. "[31]

Dass Eva und Lisa und Rachel und Esther die Zeit, in denen sie Marie-Louise und Marie-Jeanne und Ria und Maaike heißen, überstehen, verdanken sie entscheidend Menschen, die sie ihre Identität, ihren Wert spüren lassen, ja: die ihnen bis zur Selbstaufgabe helfen, ihre Namen zu bewahren. Einige bleiben dem Leser besonders in Erinnerung. Amici Enfanti, genannt Ami, zum Beispiel, der Puppenspieler, eine Ferienbekanntschaft von Evas und Lisas Eltern, bei dem sie in den letzten Monaten des Krieges untertauchen können. *„Von mir bekommst du deinen Namen zurück",*[32] begrüßt er Eva, die sich ihm als Marie-Louise vorstellt. Ami riskiert Kopf und Kragen, um den Mädchen so etwas wie eine Heimat zu bieten, und am Ende wird der Sorgende selbst zum Umsorgten, als Eva konstatiert: *„Hast du gesehen, wie wenig er in letzter Zeit isst?"*[33], und kurz darauf Lisa durch die offen stehende Küchentür beobachtet, wie Herr Amici die Reste von ihren zurück gebrachten Tellern ableckt.[34] Von hier ist es nicht weit bis zu dem Jesuswort, wonach niemand eine größere Liebe hat, als wer sein Leben einsetzt für seine Freunde.[35]

Ähnlich in *„Wer nicht weg ist, wird gesehn"* das tapfere und herzliche Onkel-Tantenpaar Jaap und Nel, die Rachel und Esther unter Gefahren ein Wiedersehen mit ihren Eltern ermöglichen und bei denen sich

---

[31] Ida Vos: Wer nicht weg ist, wird gesehn, S. 95
[32] Ida Vos: Pausenspiel, S. 116
[33] Ida Vos: Pausenspiel, S. 139
[34] Ebd.
[35] Vgl. Joh 15,13

die Freude der Befreiung mit Tränen des Abschieds mischt:

Der Onkel macht die Vordertür auf und schreit: „Leute, Leute, kommt her und schaut! Wen haben Jaap und Nel so lange im Haus gehabt, ohne dass ihr es gewusst habt? Genau, Ria und Maaike, zwei jüdische Mädchen, und wir haben es geschafft! Wir haben es geschafft, Leute. Heute seht ihr hier draußen: Rachel und Esther Hartog, denn so heißen sie!" Der Onkel spricht nicht weiter. Er ist jetzt sehr still. Er steht gebeugt und er hat die Hände vors Gesicht geschlagen.[36]

Juul und alle – oder: vom Einander-nötig-haben

Das Bilderbuch „*Juul*" von GREGIE DE MAEYER und KOEN VANMECHELEN (1996; dt. 1997) wurde mit dem „Gustav-Heinemann Friedenspreis für Kinder- und Jugendbücher" ausgezeichnet. Obwohl es schwierig ist, mit rein sprachlichen Mitteln einem Bilderbuch gerecht zu werden, will ich doch kurz darauf eingehen, denn es scheint mir zu unserer Thematik einen wesentlichen Beitrag zu leisten.

Juul ist ein Mensch. Ein Mensch schlechthin. Ein Kind, aber das ist im Grunde nicht entscheidend. Im Bild eine aus groben Leisten zusammengebaute anthropomorphisierte Holzfigur. Da ist alles, was zum Menschen gehört: Kopf samt Ohren und Augen, Leib, Arme und Beine. Juul könnte leben wie alle

---

[36] Ida Vos: Wer nicht weg ist, wird gesehn, S. 136f.

anderen, wenn sie ihn ließen. Die aber quälen ihn kaputt.

Juul hatte Locken. Rote Locken. Kupferdraht. Das riefen ihm die anderen nach: „Kupferdraht! Du hast Scheiße im Haar! Rote Scheiße!" Deshalb hat Juul die Schere genommen. Locke um Locke hat er sich abgeschnitten.[37]

So beginnt die Geschichte einer eskalierenden Grausamkeit, die mit der fast vollständigen Zerstörung Juuls endet. Nein: Selbstzerstörung. Juul demontiert sich selbst. Wie sollte ihm noch etwas wert sein, wofür alle anderen nur Häme und beißenden Spott übrig haben? *„Segelohr. Schweineohr ... Schielauge! Schiefgucker! ... Sto-sto-stotterfritz! ... Lahmarsch! Hinkebein!"*[38] So trennt sich Juul in einer Art Ritual von erschreckender Logik von Haaren, Ohren und Augen, Zunge, Händen und Füßen. Als am Ende nur noch der Kopf übrig ist, kommt Noortje. Sie findet Juul (der Text spricht immer noch von „Juul"!) und legt ihn in ihren Puppenwagen. Ein Bild für einen Neuanfang, für ein Wiedergeborenwerden? Durch Zuwendung, Zärtlichkeit, Liebe: Noortje *„wusch ihn. Sie streichelte ihn und sagte liebe Worte"*[39]

„Juul" erzählt von der Bedürftigkeit des Menschen und insofern auch von seiner Abhängigkeit. Menschsein ist Beziehung. Juul ist verweigerte Beziehung. Die anderen – im Buch heißen sie auch schlicht „*alle*" – sind es, die ihm die Lebensmöglichkeiten ent-

---

[37] Gregie de Maeyer / Koen Vanmechelen: Juul. Weinheim, 1997. [S. 3]

[38] [S. 5, 9, 11, 15]

[39] [S. 27]

ziehen. Juul demontiert sich selbst, weil ihm *„alle"* die Existenzberechtigung absprechen. Sie erlauben ihm nicht zu leben.

Der Leser-Betrachter mag sich fragen: Warum setzt Juul sich nicht zur Wehr, warum macht er seine Existenz ganz von der Anerkennung der anderen abhängig? Die Geschichte mag also – in ihrem ersten wie in ihrem knappen zweiten Teil – strukturell vereinfacht, ich sage lieber: konzentriert, sein. Beide Teile haben jedoch dieselbe Botschaft und stellen dieselbe Frage: Menschliches Leben gedeiht nur in Zuwendung, Anerkennung und Beziehung. Oder: Wie sollte ein Mensch leben können, wenn ihn keiner haben will? Was sollen ihm Augen und Ohren, Hände und Füße, wozu diese ganze Individualität, wenn er darin nicht erkannt, an-erkannt wird? Selten ist Aufeinander-Angewiesensein, ist Beziehung als „Lebensmittel" (wenn auch in der Katastrophe ihrer Verweigerung) konsequenter dargestellt worden.

Trotz seines schockierenden Inhalts ist *„Juul"* durch seine kunstvoll verfremdende ästhetische Gestaltung geeignet, auch Kinder mit diesem zentralen Lebensthema zu konfrontieren.

Pedro – oder: vom Recht auf Freiheit

Der chilenische Autor ANTONIO SKÁRMETA verließ 1973, nach dem Pinochet-Putsch, seine Heimat und kehrte erst 1989 wieder nach Chile zurück. Seit dem Jahr 2000 vertritt er sein Land als Botschafter in Berlin. Nach einer Reihe von Romanen, die durch poetische Erfindung und hintergründigen,

oft skurrilen Humor bezaubern, hat er ein Kinderbuch geschrieben, für das er 2003 den „UNESCO-
Preis für Kinderliteratur im Dienste der Toleranz"
erhielt: „*Der Aufsatz*". Die deutsche Ausgabe ist von
Jacky Gleich eindrucksvoll illustriert.

SKÁRMETA gelingt es, in dieser kurzen Geschichte
einer seiner zentralen Lebenserfahrungen, der Bedrohung durch Diktatur und Unfreiheit, eine dichte
und – das ist das große Kunststück! – wiederum
leichte, heitere Form zu geben.

Der Aufsatz, auf den der Titel Bezug nimmt, steht im
Zentrum und zugleich am Ende des Buches. Als der
neunjährige Pedro beim Abendessen erzählt, heute
sei ein Hauptmann in die Schule gekommen und habe sie einen Aufsatz schreiben lassen „*über das, was
wir abends so machen*"[40], da fällt seinem Vater der
Löffel aus der Hand. „*Und was hast du geschrieben,
mein Junge?*"[41] Und Pedro liest vor:

*Wenn mein Papa von der Arbeit kommt, warte ich
auf ihn an der Bushaltestelle. Manchmal ist Mama
zu Hause und wenn mein Papa kommt sagt sie zu
ihm Hallo Schatz wie war's heute? Gut sagt dann
mein Papa und bei dir? Wie soll's gewesen sein sagt
meine Mama. Danach spiel ich auf der Straße Fuß-
ball und am liebsten köpfe ich die Bälle ins Tor.
Dann kommt meine Mama und ruft Essen kommen
Pedrito und dann setzen wir uns an den Tisch und
ich esse immer alles auf bis auf die Suppe die mag
ich nicht. Danach setzen sich Mama und Papa jeden*

---

[40] Antonio Skármeta / Jacky Gleich: Der Aufsatz. Hamburg,
2003. S. 56
[41] S. 57

Abend ins Wohnzimmer und spielen Schach und ich mache meine Hausaufgaben. Sie spielen so lange Schach, bis es Zeit zum Schlafen ist. Und danach, danach weiß ich dann nichts mehr, weil ich einge-schlafen bin. Unterschrift: Pedro Malbrán[42]

Was gibt dem kleinen Pedro, der im Schutz seiner warmherzigen kleinen Familie aufwächst und nichts lieber tut als mit seinen Freunden auf der Straße her-umzubolzen, – was gibt ihm die Hellsichtigkeit und die List ein, einen solchen Aufsatz zu schreiben? Pe-dro, der von sich einmal sagt, er sei *„zwar klein, dafür aber schnell im Kopf"*,[43] nimmt die Symptome der Bedrohung wahr. Da ist etwas, das störend und zerstörend in den Lauf des Lebens, in die Gemein-schaft eingreift, die Stimmen leiser, die Gesten rät-selhafter werden lässt und den Menschen, zumal sei-nen Eltern, Angst macht. Er begreift zunächst nicht, warum mitten am helllichten Tag der Vater seines Freundes Daniel von zwei uniformierten Männern aus dem Haus gezerrt und in einen Jeep gesteckt wird, er kann (noch) nichts anfangen mit Daniels Er-klärung: *„Mein Vater ist gegen die Diktatur"*.[44] noch viel weniger begreift er, weshalb seine Mutter am Abend plötzlich weint und was die Erwachsenen für ein Geheimnis haben, wenn sie spät abends um ein rauschendes Radio sitzen. Aber all das lässt dem, gewitzten Jungen keine Ruhe – und schließlich *„hatte Pedro das Gefühl, alle durch seinen Kopf schwirrenden Gedankenteile fügten sich auf einmal*

---

[42] S. 58ff. – Interpunktion folgt dem Text der deutschen Aus-gabe.
[43] S. 13
[44] S. 18

zusammen, wie bei einem Puzzle".[45] Als dann der Hauptmann Romo sich breitbeinig, gestiefelt und mit blitzender Gürtelschnalle vor der Klasse aufpflanzt und von ihnen verlangt, *„ganz ungezwungen und frei "*[46] zu schreiben, *„was ihr so macht, wenn ihr von der Schule kommt, was eure Eltern machen, wenn sie von der Arbeit kommen. Über Freunde und Bekannte, die euch besuchen, was alles so erzählt wird..."*[47] usw., – da weiß Pedro, was er in diesem Aufsatz *nicht* schreiben darf.

Im Hintergrund dieser Geschichte, in der man auch eine Variation des David-und-Goliat-Motivs sehen könnte, steht die Botschaft von der intuitiven Kraft des Menschen, Instrumente der Unterdrückung, Reglementierung und Gleichschaltung zu erkennen und sich dagegen zur Wehr zu setzen, auch mit subtilen Mitteln, mit List und Verweigerung. Denn ein Mensch ist nicht Eigentum irgendeiner Regierung. Und das Gelingen des Lebens braucht Freiraum, Entfaltungsmöglichkeiten, Selbstbestimmung.

Henry – oder: von der Kraft, dem Bösen zu widerstehen

ROBERT CORMIERs Jugendroman *„Nur eine Kleinigkeit"* (1992; dt. 1995) hat, trotz seines überschaubaren Umfangs, viele Facetten. Ich möchte die Aufmerksamkeit hier auf die Hauptfigur, den elfjährigen Henry, lenken und auf den inneren Konflikt, in den er verstrickt wird.

---

[45] S. 28
[46] S. 38
[47] Ebd.

Henrys Leben in der kurzen Zeitspanne, die die Erzählung umgreift, wird von zwei Gegebenheiten bestimmt. Da ist zum einen die bedrückende Situation
seiner Familie. Nach dem Unfalltod von Henrys
Bruder ist der Vater in eine lähmende Depression
verfallen und nicht arbeitsfähig, die Mutter arbeitet
für geringes Geld in einem einfachen Lokal und er,
Henry, verdient nach der Schule als Ladenhilfe im
Geschäft von Mr. Hairston etwas dazu. Mehr als das
Nötigste kommt nicht zusammen. Einen Grabstein
für Eddie können sie sich nicht leisten. Auf der anderen Seite wird für Henry die Bekanntschaft mit einem alten Juden namens Levine wichtig. Er beobachtet den seltsamen, wie abwesend wirkenden
Mann und folgt ihm eines Tages in eine Art thera-
peutischer Werkstatt. Hier erfährt er Mr. Levines
Lebensgeschichte und begreift, was er tut: In gedul-
diger, geschickter Arbeit erschafft Levine das Holz-
modell seines polnischen Heimatdorfes, das von den
Nazis ausgelöscht wurde, und seiner Menschen, die
verschleppt oder ermordet worden sind. Henry begreift sehr wohl, dass für Mr. Levine in dieser Arbeit
sich ein Stück Heilung seines zerbrochenen Lebens-
zusammenhangs vollzieht, etwas wie eine Wiedergeburt.

Und darum begreift er auch, was es bedeutet, als sein
Arbeitgeber, Mr. Hairston, ihm sagt, er solle das
Dorf des Mr. Levine zerstören – *„nur eine Kleinig-
keit"*. Dafür setzt er ihn unter Druck durch Andro-
hung der Kündigung, aber auch durch Belohnung:
Hairston wird ein gutes Wort für eine bessere Be-
zahlung von Henrys Mutter einlegen, er wird den
Grabstein für Eddie finanzieren.

Den vielfältigen Motiven, die Mr. Hairston derartiges verlangen lassen, kann hier nicht im Einzelnen nachgegangen werden. Der Leser wird mehrfach mit seiner ausgeprägten Misanthropie konfrontiert; trotzdem ist er am Ende überrascht, als das für Mr. Hairston wichtigste Motiv offenkundig wird: Mr. Hairston kann einen Menschen wie Henry, der ehrlich und fleißig ist, Mitleid mit einem alten Juden hat, seine Mutter unterstützt, sogar ihm, Hairston, uneigennützig vorschlägt, einen anderen einzustellen, als er sich die Kniescheibe gebrochen hat ... – Mr. Hairston kann einen solchen Menschen nicht ertragen.

Ihm [Henry] *dämmerte die Wahrheit, die aber so unglaublich war, daß sie sich nicht fassen ließ. „Sie wollten, daß ich etwas Böses mache." [...] Verwundert dachte Henry: Er hatte es die ganze Zeit auf mich abgesehen. Nicht einfach nur auf den alten Mann und sein Dorf. Er wollte nicht, daß ich gut bleibe. Der Kaufmann musterte ihn voller Zuneigung, als wäre Henry sein Lieblingssohn. „Siehst du, Henry, du bist eben doch so wie alle anderen ... Ja, die Ratte hat dich erschreckt. Aber du bist ins Zentrum gegangen und hast den Hammer geholt. Hast ihn hoch über den Kopf geschwungen. Das Dorf zerschmettert. Das alles wäre nicht passiert, wenn du nicht hinter der Belohnung hergewesen wärst."[48]*

Mr. Hairstons Rechnung geht daher nicht auf, als Henry die Annahme der Belohnungen verweigert. Henry aber gewinnt in dieser Verweigerung seine Selbstachtung zurück und bewahrt sich vor der inneren Deformierung, die Hairstons Absicht war.

---

[48] Robert Cormier: Nur eine Kleinigkeit. Aarau [u.a.], 1995. S. 104

Um den Konflikt, der hier angedeutet ist, im Buch aber differenziert entfaltet wird, in seiner ganzen Dramatik zu verstehen, ist es wesentlich, dass Henry eine in ihren Emotionen und Reaktionen ungemein fein gezeichnete Figur ist; vor allem seine Sensibilität und seine Fähigkeit, mit anderen mitzufühlen, sie auch in Schutz zu nehmen, wird immer wieder beleuchtet. Gerade vor diesem Hintergrund gewinnt die Versuchbarkeit und Verführbarkeit, eine sehr menschliche Dimension: „ *'Das habe ich nicht gewollt.' Aber er hatte es schließlich doch getan.* "[49] Zugleich aber verleihen die einfache Struktur und die stark gegenpolig gestalteten Positionen dem Buch etwas Parabelhaftes. Die Geschichte – so in der Jurybegründung des „Katholischen Kinder- und Jugendbuchpreises" 1997 – „ *weiß um das Geheimnis des Bösen, um die Verführbarkeit des Menschen, aber auch um seine Kraft, sich zu wiedersetzen.* "[50]

Zum guten Schluss haben wir uns die Frage nach dem Ertrag unserer Überlegungen zu stellen.

Wissen wir mehr über den Menschen? Haben wir „ *Menschenbilder* " entdeckt? Was ist aus der Erwartung geworden, in jugendliterarischen Texten etwas Wesentliches und Exemplarisches über den Menschen zu erfahren, etwas, das auch vor einer gedanklichen Beschreibung des Menschenwesens Bestand hat, sich gar mit den Zügen eines christlichen Menschenbildes zur Deckung bringen lässt? Mehr als ein „zur Deckung bringen", die Feststellung einer

---

[49] S. 100
[50] Katholischer Kinder- und Jugendbuchpreis – Preisgekrönte und empfohlene Bücher 1979 bis 1997. Hrsg. v. d. Zentralstelle Medien der Deutschen Bischofskonferenz, Bonn, S. 3

Art „Deckungsgleichheit" oder Verwandtschaft, durften wir nicht erwarten. Denn Literatur *beschreibt* den Menschen, sie *erschafft* ihn nicht.

Drei Eindrücke seien als Ergebnis unserer kleinen literarischen Reise festgehalten:

Die Kinder- und Jugendliteratur (auch die Kinderliteratur!) kennt den Menschen. Der eingangs angedeutete sprachliche Facettenreichtum des Menschenbegriffes dokumentiert sich in der Literatur. Wir sind Menschen begegnet, die sich als „wirkliche" Menschen erwiesen haben – ihnen haben wir unsere Aufmerksamkeit besonders zugewandt –, aber auch Menschen, die das „Menschliche" verdunkelt haben. Auch der Unmensch[51] (Un-Mensch) ist ein Mensch! Aus dieser Spannung und Gegenpoligkeit lebt Literatur, daraus besteht auch die Realität. Kinder- und Jugendliteratur bildet sie – fern jeder Heile-Welt-Schönfärberei – ab.

Kinder- und Jugendliteratur zeichnet Menschen, aber sie zeichnet auch „Menschen*bilder*" – und das ist nicht dasselbe, wenn wir den Begriff „Menschenbild" in Richtung eines Wesens-, vielleicht sogar Sollensanspruchs verstehen. An einigen Beispielen haben wir Figuren betrachtet, denen die Autoren besondere positive Qualitäten verleihen und es ist zu fragen, ob und wieweit wir hierin Elemente finden, die für ein (auch christliches) Menschenbild konstitutiv sind: die Fähigkeit zur Solidarität, teilweise bis zur Zurückstellung der eigenen Bedürfnisse (La Vaughn, Amici Enfanti); die Kraft, dem eigenen be-

---

[51] Vgl. das Zitat von Hans Jonas in Anm. 1

grenzten Leben einen Sinn zu verleihen (Sunshine); die Erfahrung, zwischen Gut und Böse zerrieben zu werden und doch widerstehen und seine Integrität bewahren zu können (Henry); das Recht auf Identität und Selbstbestimmung (Eva und Rachel, Pedro); das Bedürfnis, mit anderen, in Beziehung, zu leben (gleichsam ex negativo: Juul); die Bereitschaft, Grenzen zu überwinden und Frieden zu stiften (Samir und Jonathan).

Das Repertoire der von mir herangezogenen Preisbücher bietet natürlich etliche weitere ähnlich aussagekräftige Titel, auf die ich nicht näher eingehen konnte. Nur einige ergänzende Hinweise:

HERMANN SCHULZ erzählt in seinem Roman „Auf dem Strom", 1998; „Silberne Feder") von einem weißen Afrikamissionar in den dreißiger Jahren des vorigen Jahrhunderts, der durch die Krankheit seiner Tochter gezwungen ist, sich auf den gefahrvollen Weg ins ferne Krankenhaus zu machen. Für ihn wird es eine Initiationsreise in das Herz von Kulturen und Lebensformen, die er bisher nur als „Bekehrungsmaterial" verstehen konnte; nun beginnt er sich für deren Weisheit und Eigenständigkeit zu öffnen. Das Bilderbuch „Irgendwie anders" von KATHRYN CAVE und CHRIS RIDDELL (1994; UNESCO-Kinderbuchpreis für Toleranz) demonstriert mit verblüffend einfacher Logik und textlich-bildlichem Witz, dass mehrere „irgendwie andere" eine ideale Gesellschaft ergeben können. In KIRK-PATRICK HILLs Erzählung „Indianerwinter" (1993; dt. 1995; Kinderbuchpreis der Ausländerbeauftragen des Senats von Berlin) stoßen „Starker Sohn" und „Schwester" an die Generationengrenzen

und lernen, was sie an den überkommenen Lebensformen und Traditionen ihres Volkes schätzen und
bewahren und was sie überschreiten müssen. *„Anna
rennt"* von ELISABETH ZÖLLER (2000; Katholischer Kinder- und Jugendbuchpreis) thematisiert das
Gewissen und seinen Anspruch als beunruhigende,
der Wahrheit verpflichtete Instanz. In dem Bilderbuch *„Opas Engel"* von JUTTA BAUER (2001;
Katholischer Kinder- und Jugendbuchpreis) schließlich begegnen wir einem alten Mann am Rande seines Lebens, der seine Lebensgeschicke geheimnis-
voll gefügt und gelenkt sieht und in einem gelasse-
nen, ja heiteren Rückblick dieses Grundvertrauen
seinem Enkel weitergibt – ist nicht auch dieses Ur-
vertrauen, das sich mit der Chiffre des Engels auf eine transzendente Instanz beruft, ein Element christlichen Menschenverständnisses?

Um nicht missverstanden zu werden: es sind nicht
moralisch glatte, idealisierte Geschöpfe, die diese
Geschichten bevölkern, vielmehr sind sie *„auch nur
Menschen"* und ihre Qualitäten entwickeln sich unter
widrigen Umständen. Was sie aus sich machen, wird
meist in Konflikten und Spannungen, nicht nur ge-
suchten, sondern auch schicksalhaft auferlegten, geboren. Gerade das macht sie glaubwürdig.

Schließlich ein Blick auf den Leser (dazu gehören
auch wir!). Er wird sich fragen, oder: diese Geschichten werden ihn fragen: Kann man das? So über
sich hinauswachsen? Solche Ziele und Sehnsüchte
für ein gelingendes Leben entwickeln und festhalten?
So auch mit dem Scheitern und immerwährenden
Gefährdetsein umgehen? Und: Aus welcher Kraft
kann man das? Und: Woher weiß man überhaupt, ob

man das soll? Hier fangen die Fragen an, die Michael Schlagheck bereits im Eingangsreferat aufgeworfen hat: Was ist der Mensch? Eine genetisch programmierte Notwendigkeit ohne Alternativen, oder doch ein Wesen mit Möglichkeiten zur Selbstverfügung und (wenn auch bedingten) Freiheitsentscheidung? Jede Geschichte gibt darauf ihre, wenn auch noch so verhaltene Antwort. Und jede Geschichte appelliert an die Antwort des Lesers. Er erkennt in jeder Geschichte, die ihn anrührt, ein Stück von sich selbst und von seinen eigenen Möglichkeiten. Es ist jedoch in der Regel nicht die Lektüre als Ganze, sondern es sind einzelne Figuren und Momente des Gelesenen, des lesend Erlebten, die in Erinnerung und Gemüt junger Leser nachhaltig Spuren hinterlassen. Die überzeugenden Details werden wichtiger als das große Ganze. Sie vor allem gehen in die Antwort ein und klingen darin nach. Und wie bescheiden wir auch immer über die Wirkungsmöglichkeiten von Literatur denken mögen: Der Leser antwortet mit seiner eigenen Geschichte. Mit seiner lebendigen und einzigartigen Variation des Themas Mensch.

Literatur

Aufgeführt werden die im Referat genannten Kinder-
und Jugendbücher in der jeweils zitierten Ausgabe.
Wo Verlag und Erscheinungsjahr der deutschen Er-
stausgabe davon abweichen, werden diese Angaben
in Klammern hinzugefügt.

Bauer, Jutta: Opas Engel. – Hamburg: Carlsen, 2001.
– ISBN 3-551-51543-3

Carmi, Daniella: Samir und Jonathan. – München:
Hanser, 1996. – ISBN 3-446-18198-9

Cave, Kathryn: Irgendwie Anders. – Hamburg: F.
Oetinger, 1994. – ISBN 3-7891-6352-X

Cormier, Robert: Nur eine Kleinigkeit. – Aarau
[u.a.]: Sauerländer, 1995. – ISBN 3-7941-3887-2

Hill, Kirkpatrick: Indianerwinter. – Weinheim: Beltz
& Gelberg, 1998 – Gulliver Taschenbücher; 325 –
ISBN kt.: 3-407-78325-6 – (Beltz & Gelberg, 1995)

Kynast, Helene: Sunshine. – Stuttgart: Thienemann,
2002. – ISBN: 3-522-17497-6

Maeyer, Gregie de / Koen Vanmechelen: Juul. –
Weinheim: Beltz & Gelberg, Edition Anrich, 1997. –
ISBN: 3-89106-983-9

Schulz, Hermann: Auf dem Strom. – München: Piper, 2000 – Serie Piper; 3005 – ISBN 3-492-23005-9
(Carlsen, 1998)

Skarmeta, Antonio: Der Aufsatz. – Hamburg:
Dressler, 2003. – ISBN 3-7915-1910-7

Vos, Ida: Pausenspiel. – Frankfurt: Sauerländer,
2000. – ISBN 3-7941-4700-6

Vos, Ida: Wer nicht weg ist, wird gesehen. – Hamburg: Carlsen, 2003. – ISBN 3-551-37277-2 (Sauerländer, 1989)

Wolff, Virginia Euwer: Wenn dir das Leben eine Zitrone gibt, mach Limonade draus. – München: Hanser, 1999. – ISBN 3-446-19637-4

Zöller, Elisabeth: Anna rennt. – Stuttgart: Gabriel Verl., 2000. – ISBN 3-522-30010-6

Literatur zum Arbeitskreis:
Dorothee Hölscher, Berlin

„Wer tut, was er kann, tut, was er soll"
Freiheit und Verantwortung im Kinder- und Jugendbuch

Oates, Joyce Carol: Unter Verdacht, Die Geschichte
von Big Mouth & Ugly Girl, München: Hanser, 2003

Park, Barbara: Skelly und Jake, Gütersloh: Bertelsmann, 2003

Wolff, Virginia E.: Fest dran glauben, München:
Hanser, 2003

Skármeta, Antonio / Jacky Gleich: Der Aufsatz,
Hamburg: Dressler, 2003

Schami, Rafik / Ole Könnecke: Wie ich Papa die
Angst vor Fremden nahm, München: Hanser, 2003

Literatur zum Arbeitskreis:
Margret Lange, Bonn

„Durch dick und dünn"
Gemeinschaft und Solidarität im Kinder- und Jugendbuch

Hite, Sid: Rileys Freund, Stuttgart : Verl. Freies Geistesleben, 2003

Manns, Nick: Der Fund im Teich, Berlin [u.a.]: Altberliner, 2003

Sachar, Louis:Der Fluch des David Ballinger, München [u.a.]: Hanser, 2002

Literatur zum Arbeitskreis:
Stefan Schohe, Bonn

Von Orangenmädchen, mechanischen Prinzen und einer Schublade voller Briefe
Spuren der Transzendenz im Kinder- und Jugendbuch

Dörrie, Doris: Mimi, Bildergeschichte, Zürich: Diogenes, 2002

Dyer, Sarah: Fünf kleine Teufel, Hamburg: Oetinger, 2001

Engström, Mikael.: Brando, München: Hanser, 2003

Gaarder, Jostein: Das Orangenmädchen, München: Hanser, 2003

Lembcke, Marjaleena: In Afrika war er nie, Zürich: Nagel & Kimche, 2003

Steinhöfel, Andreas: Der mechanische Prinz, Hamburg: Carlsen, 2003

Yumoto, Kazumi: Eine Schublade voller Briefe, Düsseldorf: Sauerländer, 2003

Literatur zum Arbeitskreis:
Christine Keidel, Oberhausen

„Fremder verbreitet Furcht"
Achtung und Respekt vor der Andersartigkeit des
anderen im Kinder- und Jugendbuch

Ben-Jelloun, Tahar: Papa, was ist ein Fremder? Gespräch mit meiner Tochter, Reinbek: Rowohlt TB, 2003

Greder, Armin: Die Insel, Eine tägliche Geschichte, Düsseldorf: Sauerländer, 2002

Schami, Rafik / Ole Könnecke: Wie ich Papa die Angst vor Fremden nahm, München: Hanser, 2003

Literatur zum Arbeitskreis:
Dr. Barbara von Korff-Schmising, Bonn

„Es muss im Leben mehr als alles geben"
Krankheit und Behinderung im Kinder- und Jugendbuch

Amman, Martina: Wer nicht kämpft, hat schon ver-
loren, Meine Geschichte, 3. Aufl., Düsseldorf: Sauerländer, 2000

Cummings, Priscilla: Feuerhaut, Düsseldorf: Sauerländer, 2003

Feth, Monika: Fee, Schwestern bleiben wir immer,
Gütersloh: Bertelsmann, 2000.

Flürenbrock, Meike: Geschwisterbeziehungen in
Kinderbüchern zum Thema Behinderung, Frankfurt
a.M.: Lang, 2002

Hartmann, Lukas: Leo Schmetterling, Zürich: Nagel
& Kimche, 2000

Janssen, Kolet: Mein Bruder ist ein Orkan, Weinheim: Anrich, 1997

Krenzer, Rolf: Eine Schwester so wie Danny, Würz-
burg: Arena, 2001

Kynast, Helene: Sunshine, Stuttgart: Thienemann,
2002

Rosen, Lillian: Greller Blitz und stummer Donner,
München: dtv, 1987.

Schnurre, Wolfdietrich: Doddlmoddl, Berlin: Auf-
bau-Verl., 2003

Schulz, Hermann: Auf dem Strom, 4. Aufl., München: Piper, 2004

Quintana, Anton: Wandernde Hügel, singender Sand, Das Buch von Bod Pa., München: dtv, 2001

Welsh, Renate: Drachenflügel, Zürich: Nagel & Kimche, 2002

Literatur zum Arbeitskreis:
Gabriele Kassenbrock, Göttingen

„Der Tag, an dem Marie ein Ungeheuer war"
Selbstachtung im Kinder- und Jugendbuch

Bilderbuch

Bauer, Jutta: Schreimutter, Weinheim: Beltz & Gelberg, 2000

Bydlinski, Georg / Jens Rassmus: Der Zapperdockel und der Wock, Wien: Dachs, 2004

Hille, Astrid / Diana Schäfer / Antje Bohnstedt: So bin ich – Einmalig, selbstbewusst und stark, Freiburg: Velber im OZ-Verl., 2003

Russel, Hoban / Patrick Benson: Das kleine Meerwesen, Gütersloh: Bertelsmann, 2000

Kinskofer, Lotte / Verena Ballhaus: Der Tag, an dem Marie ein Ungeheuer war, Zürich: Bajazzo, 2001

Thiele, Jens: Jo im roten Kleid, Wuppertal: Hammer, 2004

Waechtler, Philip: Ich, Weinheim: Beltz & Gelberg, 2004

Kinderbuch

Cuvellier, Vincent: Die Busfahrerin, Wien: Jungbrunnen, 2003

Donaldson, Julia: Prinzessin Spiegelschön, Weinheim: Beltz & Gelberg, 2004

Friedrich, Joachim: Pias geheime Freundin, Stuttgart: Thienemann, 2003

Gavalda, Anna: 35 Kilo Hoffnung, London: Bloomsbury, 2004

Sachar, Louis: Bradley – letzte Reihe – letzter Platz, München: Hanser, 2003

Sachar, Louis: Der Fluch des David Ballinger, München: Hanser, 2002

Schirneck, Hubert: Flaschenpost für Papa, St. Pölten: NP, 2004

Spinelli, Jerry: Taubenjagd, München: dtv, 2001

Stark, Ulf: Das goldene Herz, Hamburg: Carlsen, 2004

Verzeichnis der Autorinnen und Autoren / Herausgeber

Inge Cevela, Wien
Geschäftsführerin der Studien- und Beratungsstelle
für Kinder- und Jugendliteratur (STUBE), Wien

Willi Fährmann, Xanten
Kinder- und Jugendbuchautor

Günter Lange, Bovenden
Akademischer Direktor

Michael Schlagheck, Mülheim a. d. Ruhr
Dr. phil., Direktor der Katholischen Akademie „Die
Wolfsburg", Mülheim an der Ruhr

Herbert Stangl, Bonn
Dipl.-Theol., ehem. Leiter des Lektorates des Bor-
romäusvereins, Bonn

Vera Steinkamp, Essen
Dipl.-Bibliothekarin, Leiterin der Fachstelle für
Kirchliche Büchereien und Medien im Bistum Essen

Während der Tagung lasen aus ihren Werken:

Maja Gerber Hess, Wangen

Jutta Richter, Ascheberg

Burkhard Spinnen, Münster